영유아를 위한

교재교구 연구 및 지도법

머리말

영유아에게 교재 · 교구는 교수-학습과정에서 무한한 잠재력을 개발시킬 수 있는 매개체를 의미하며 영유아교육의 학습과정에서 놓칠 수 없는 핵심적인 요소이다. 특히, 영유아의 특성상 감각을 통해 실제 사물을 접하고 구체적인 경험을 줄 수 있는 교재 · 교구는 영유아의 흥미와 학습동기를 극대화시키며, 학습내용을 전달하는 중요한 역할을 한다. 그러므로 영유아를 위한 교재 · 교구의 계획과 제작, 그리고 효과적인 활용을 하는 데 많은 노력을 기울여야 한다. 이러한 의미에서 본 교재는 영유아에게 학습내용을 전달하기 위한 교재 · 교구의 제작과 활용을 중심으로 구성되었다.

본 교재의 기본적인 내용은 1부와 2부로 구성되어 있으며, 1부에서는 교재 · 교구의 이론 및 체계로 기초적 개념과 교재 · 교구의 필요성 및 중요성, 그리고 역사적 배경과 일반적인 교수-학습이론을 제시하였고 교재 · 교구의 제작과 선정, 교수-학습방법에 대해 자세하게 다루고 있다. 2부에서는 교재 · 교구의 실제적인 제작과 활용방법을 영역별로 제시하여 현장에서 쉽게 적용할 수 있도록 구체적으로 자료를 소개하였다.

본 교재의 저자들은 대학에서 강의해온 경험과 영유아교육현장의 환경과 요구를 바탕으로 효율적인 교재 · 교구의 제작 및 활용을 위해 교재를 집필하게 되었다. 그러나 교재를 완성하고 보니 처음의 호기와는 달리 부족한 점이 많고 세세하게 다듬지 못한 부분이 있지 않을까 하는 걱정이 앞선다.

본 교재를 통해 영유아교육현장의 교사들과 예비교사들에게 조금이나마 도움을 줄 수 있기를 바라며, 교재 · 교구의 제작에 도움을 준 유아교육과와 아동보육과 학생들에게 감사의 마음을 전한다. 끝으로 부족한 원고이지만, 교재로 나올 수 있도록 많은 도움을 주신 유제구 사장님과 김재원 전무님을 비롯해 파워북의 여러 선생님들에게도 깊은 감사를 드린다.

2018년 3월

저자 일동

차례

Part 2 교재 · 교구의 실제

Part 1

교재 · 교구의 이론과 체계

Teaching Materials & Methods for Childern

CHAPTER 1

교재 · 교구의 개념 및 중요성

1. 교재·교구의 개념 | 2. 교재·교구의 중요성

CHAPTER 1

영유아의 모든 학습은 감각을 통해 이루어지며 놀이를 바탕으로 능동적으로 이루어진다. 그리고 이러한 특성을 바탕으로 영유아들의 학습과 활동을 의미 있는 것으로 확장시켜주는 매개물이 바로 교재 · 교구이다. 따라서 영유아의 발달과 능력 등을 고려해 교재 · 교구가 적절하게 제시된다면, 영유아는 자신이 경험하고 느낀 모든 것들을 내면화할 수 있을 뿐만 아니라 자신을 둘러싼 외부세계에 대한 인식을 확장해 나갈 수 있다. 이 장에서는 교재 · 교구의 기초적인 이해를 돕기 위한 개념과 중요성 및 필요성에 대해 살펴보고자 한다.

1. 교재 · 교구의 개념

1) 교재 · 교구의 사전적 의미

유아교육현장에서 교재교구의 개념은 혼용되는 경우가 많으며, 명확하게 구분하는 것이 어렵다. 이러한 경우에 사전적 의미를 파악하고 유아교육현장에서 교재 · 교구 개념을 어떠한 의미로 사용하는지를 생각해본다면 교재 · 교구 개념을 다시 한 번 정리할 수 있을 것이다.

우리가 일반적으로 사용하는 교재教材, teaching materials는 교육에 필요한 내용을 담고 있어 가르치거나 학습하는 데 쓰이는 여러 가지 재료를 말한다. 교재라는 말을 사용할 때는 교과서나 참고서를 의미하는 경우가 많았다. 교구教具는 교육학 용어사전에서 교수教授의 수단 또는 방법으로 교수를 용이하게 하고 교수 효과를 높이기 위해 사용하는 도구teaching aids라고 정의하고 있고, 교재는 교육활동을 진행하는 데 있어 직접적인 매개물이며 교구는 간접적인 매개물이다. 교재는 그 자체 안에 교육적 가치를 가지고 있지만, 교구는 교재와 결부됨으로써 비로소 교육적 가치를 가지게 된다.

다른 사전에는 학습 지도를 하기 위해 형상화된 내용이 교재이고, 교재를 처리하는 물질적 수단의 체계를 교구teaching tools로 정의하고 있다(두산백과사전). 일반적으로 교구는 교육 수단의 총체라 할 수 있고, 최초의 체계적인 교구는 1837년 프뢰벨Frobel이 만든 은물恩物 ; gifts이다.

교재 · 교구는 교육의 목표를 효과적으로 달성하기 위하여 선택된 언어적 또는 비언어적 도구를 말한다. '효과적'이라는 말은 '보다 많은 사람들에게', '보다 빨리', '보다 즐겁게', '보다 손쉽게' 등의 의미가 포함되어 있다. 교재와 교구를 구분하는 방법은 두 가지이다. 첫째 언어적인 것을 교재로, 비언어적인 것을 교구라 하여 구분한다. 둘째, 교재는 학습의 대상 또는 영역을 가리키고, 주로 교과학과 또는 교과목/학과목에 가깝게 해석한다. 교구는 언어적인 것과 비언어적인 것을 통틀어 교구라 한다. 교재 · 교구는 주로 학교교육에서 사용되지만, 넓은 의미로 보면 교육활동이 있는 곳이면 어디에나 교재 · 교구가 존재한다고 볼 수 있다.

사전적 의미를 종합해 보면 교재 · 교구는 교육의 목표를 효과적으로 달성하기 위해 선택된 언어적 또는 비언어적 도구로, 직접적인 매개물과 간접적인 매개물로 정의하고 있지만 궁극적으로는 교육의 목표, 교육활동과의 연관성을 가지는 것으로 그 가치를 갖게 된다.

일반적으로 교재 · 교구는 언어적인 것과 비언어적인 것으로 나뉜다.

① 언어적인 것은 시각적인 것과 청각적인 것으로 나눌 수 있다

- 언어적인 동시에 시각적인 것 : 교과서, 보조 교재, 프로그램드 북programed book, 인스트럭션 시트instruction sheet 등이 있다.
- 언어적이면서 청각적인 것 : 라디오, 테이프 리코더tape recorder, 랭귀지 래버러터리language laboratory가 있으며, 약간 성질을 달리하는 것으로 전승傳承의 형태를 취하고 있는 민화民話 등이 있다. 또한 어린이의 글짓기나 생활 기록을 교재의 일종으로 간주하는 경우도 있다.

② 비언어적인 것은 표현적인 것과 실물적인 것으로 나뉜다

- 비언어적이면서 표현적인 것 : 그림 · 괘도 · 사진 · 영화 · 슬라이드 등 사실적인 것과 모형 · 장치 등 형체적인 것, 도표 · 도해 · 블랙박스 · 체육 교재 · 교구

표 1-1 교재 · 교구의 분류

언어/비언어	세분류	종류
언어적인 것	시각적인 것	교과서, 보조교재, 프로그램드 북(programed book), 인스트럭션 시트(instruction sheet) 등
	청각적인 것	라디오, 테이프 리코더(tape recorder), 랭귀지 래버러터리(language laboratory)
비언어적인 것	표현적인 것	사실적인 것 : 그림, 괘도, 사진, 영화, 슬라이드 등
		형체적인 것 : 모형, 장치 등
		도식적인 것 : 도표, 도해 등
	실물적인 것	자연적인 것 : 표본, 컬렉션 등
		인공적인 것 : 완구 등
		원형을 그대로 대표하는 것 : 기와, 화석 등

등 도식적인 것으로 구별된다.

• 비언어적이면서 실물적인 것 : 표본 · 컬렉션 등 자연적인 것, 완구 등 인공적인 것, 기와 · 화석 등 원형을 그대로 대표하는 것 등으로 구별된다(두산백과사전).

2) 교재 · 교구의 유아교육현장에서의 의미

교재 · 교구는 교재와 더불어 혼용하여 쓰는 경우가 많으나 교수–학습 장면에서 교수와 학습을 성공적으로 실현시키기 위해서 쓰이는 교사용 교육자료와 유아의 학습자료를 포함한 것이라고 할 수 있다. 유아의 학습자료에는 놀이를 효율적으로 진행시키는 물건으로 교사가 직접 제작한 것, 자연물을 이용한 것, 일상용품이나 폐품을 이용한 것, 어린이용으로 제작되어 상품화된 것 등의 모든 물건을 포함한다. 또한 사전적인 의미로는 교육활동에서 매체를 제시함으로써 유아들이 학습할 내용과 활동을 연결하며 학습목표를 달성하기 위한 내용을 여러 가지 형태로 제시하는 데 쓰이는 물품이라 할 수 있다(김정규 · 이광자 · 조정숙, 2003). 또는 유아의 놀이 활동의 도구가 되고 교육적 효과를 주기 위해 제작한 것들을 교재 · 교구라 하였으며, 놀이에 대한 흥미를 유발시키고 놀이를 효율적으로 진행시키는 매체의 역할을 하는 모든 물건을 지칭하여 교재 · 교구라 하였다(박란규, 2005 재인용).

이대균 · 송정원(2000)은 유아교육기관에서의 교재 · 교구를 통칭하여 심신의 발달을 도모하기 위해 사용되는 모든 자료로서 교사의 집단활동뿐 아니라 자유선택활동시간의 개별활동과 실외활동 등에서 사용되고 필요로 하는 것으로 정의하였다.

교육활동에 활용되는 교육매체는 여러 가지 용어로 개념화되고 분류되고 있으나 영유아의 교수–학습활동을 위해 영유아교육기관의 자유선택활동시간과 대 · 소집단활동시간에 교사와 유아가 활용하는 놀잇감과 자료를 모두 교재 · 교구로 정의하고자 한다.

유아기는 인간의 성장과 발달에 있어 가장 중요한 시기이다. 그리고 유아에게 있어 놀이는 발달과 성장에 가장 중요한 활동이고 학습 또는 생활 자체이며 아동 간의 상호작용, 아동과 교사, 아동과 교재 · 교구와의 상호작용은 유아교육에서 중요한 의미를 갖는다. 특히, 문자 해독능력을 비롯한 언어능력이 미숙한 유아들을 대상으로 하는 유아교육에서 교재 · 교구는 매우 중요한 역할을 하고 다양한 교재 · 교구는 유아의 활동을 유발시키고 자극하며 능동적이고 효율적인 학습으로 이끌어 준다. 또한 유아교육의 내용과 질을 결정하는 중요한 요인으로 교재·교구는 물리적인 환경에 포함된다. 물리적 환경에서 실내·외 공간 구성과 교재·교구 등의 변화는 모든 유아들의 놀이행동에 중요한 영향을 미친다(박란규, 2005 재인용).

영유아교육기관의 시설장들과 교사들은 영유아들에게 어떤 환경을 구성하고 제공해 주어야 하는지에 대한 고민과 노력을 하지 않을 수 없다. 특히, 유치원과 어린이집의 물적 환경은 유치원 평가, 보육시설 평가인증제를 통해 그 관심과 중요성이 커지고 있다.

2. 교재 · 교구의 중요성

유아들은 스스로 무언가를 만들어 내는 능력이 있으며, 활동적이고 환경에 능동적으로 적응하는 존재로서 자신들의 흥미에 기초한 자유놀이활동과, 직접 손으로 만들며 경험하는 활동을 좋아한다. 피아제Piaget는 인지발달이론을 주장하면서 유아기에는 구제적인 사물과 다양한 성인과의 경험을 통해 학습이 이루어지므로 유아들이 스스로 학습할 자료와 기회를 충분히 제공해 주어야 한다고 주장하였다(박란규, 2005 재인용). 에릭슨Erikson은 유아들은 자신이 스스로 시도하며 놀잇감으로 교재·교구를 가지고 놀이에 몰두함으로써 즐거움을 경험하게 된다고 하였다. 놀이를 통한 즐거움을 경험하고 성취감을 느낀 유아들은 주도성을 갖게 되며 이러한 유아는 계획을 세우고 목표를 설정하며 그것을 달성하고자 하는 노력을 한다(박란규, 2005 재인용).

1) 교재 · 교구의 중요성

박인숙·박정민(1992)은 유아는 추상적이고 간접적인 과정보다는 직접 만져보고 흔들어보며 냄새를 맡아보는 등 감각적이고 직접적인 경험을 통해 배우기 때문에 유아들에게 구체적인 경험을 줄 수 있는 풍부하고 다양한 교재·교구는 학습 자극의 매체가 되며 유아교육에서는 매우 중요하다고 하였다(박란규, 2005. 재인용). 교재·교구가 미치는 긍정적인 영향과 관련시켜 교재·교구의 중요성을 정리하면 다음과 같다(이대균·송정원, 2000).

첫째, 교재·교구는 교육의 내용과 질을 결정한다. 유아들의 활동에 있어 적절한 교재·교구는 교사와 유아, 유아와 유아, 유아와 사물 간에 효과적인 상호작용이 일어나도록 도와준다.

둘째, 교재·교구는 유아의 활동을 유발시키고 자극한다. 활동에 알맞은 교재·교구가 있음으로 해서 유아들이 활동을 재미 있어 하고 반복하게 된다. 행함으로써 배울 수 있도록 하며, 자발적으로 활동할 수 있도록 하여 자발학습이 일어나게 한다.

셋째, 교재·교구는 유아의 활동을 심화·확대시키며, 언어를 발달시킨다. 교재·교구를 가지고 활동해 보면서 활동의 방법과 내용에 대해 이해하게 되어 내용 이해와 방법적인 면에 대해 능숙하게 하거나 새로운 것을 알게 하고 더욱 알아보려고 하는 동기를 가지게 된다.

넷째, 교재·교구는 언어를 발달시킨다. 교재·교구를 활용할 때에는 유아에게 활동방법을 언어적으로 소개하게 되며, 활동 중에 교재·교구–유아, 유아–유아, 교사–유아 간에 상호작용이 빈번히 일어나게 되고 활동 후 결과를 언어적으로 표현하게 되기 때문이다.

다섯째, 교재·교구는 신체 및 감각능력을 발달시키며, 감각 욕구를 충족시킨다. 유아가 교재를 가지고 직접 조작하고, 냄새 맡고, 흔들고, 맛보고, 소리를 들어 보고, 관찰해 보고, 신체로 활동해 보기 때문이다.

여섯째, 교재·교구는 협동심과 이해성, 양보 등 사회성을 발달시킨다. 교재의 사용 규칙을 지키고 차례를 지킬 줄 알며, 양보하고 협동하는 방법을 알고 지키게 되며 교재에 따라 알맞은 방법으로 정리·정돈하기 때문이다.

일곱째, 교재·교구를 활용함으로써 창의성과 예술성 및 표현능력을 기른다. 미술·음률·극화·문학활동에서 사용되는 도구, 자료, 그림 그리기, 만들기 도구와 자료, 악기, 신체표현에 활용되는 리본·끈·스카프·후프 등을 활용해서 표현능력을 경험하기 때문이다. 또한 주위에서 구할 수 있는 사물들을 적절하게 사용하면서 창의적인 활동을 경험하게 된다.

2) 교재 · 교구의 필요성

유아용 교재 · 교구는 유아의 특성과 밀접한 관련이 있는데, 유아의 특성과 연관하여 교재 · 교구의 필요성을 살펴보면 다음과 같다(이대균 · 송정원, 2000 ; 오연주 · 안은숙 · 김혜수 · 이은상 · 이경실 · 고영주 · 이명희, 2003).

첫째, 유아들은 끊임없는 에너지를 가지고 있으며 그것을 발산시킬 수 있는 장소와 놀잇감이 필요하다. 유아교육기관은 이런 에너지를 발산시킬 수 있는 장소이며 교재 · 교구는 유아의 놀이를 긍정적인 방향으로 이끌어 주는 매체이다.

둘째, 유아들은 미숙하여 잘못할 가능성이 많으며 자기중심적인 세계에서 벗어나지 못하고 있는 시기이다. 그러므로 다양한 사물을 조작하는 활동을 해보는 경험이 많이 필요하며 타인의 관점에서 사물과 사건을 바라볼 수 있는 경험과 일반적인 생활환경에 자연스럽게 익숙해지도록 돕는 활동들이 필요하다.

셋째, 유아들은 그들이 접하고 있는 모든 환경과 세계에 관심과 흥미를 가지고 있으므로 직접 관찰하고 경험해 볼 수 있는 교육환경이 필요하다.

넷째, 유아들은 아직 성장하는 단계이므로 개인차가 매우 크기 때문에 발달수준과 흥미 등에 적합한 교재 · 교구를 선택하여 사용해야 하므로 다양한 교재 · 교구가 필요하다. 즉, 유아는 같은 연령이라 할지라도 발달의 개인차가 있으므로 초등학교 학생들과는 다르게 개별학습 또는 소집단학습이 필요하다. 그러므로 자유선택활동 시간에 유아가 개별학습을 하기 위해서 또는 교사와 유아가 상호작용하는 데 도움을 줄 수 있는 교재 · 교구를 제공해 주어야 한다.

다섯째, 유아들은 오감을 이용한 경험을 토대로 지식을 얻어간다. 즉, 유아는 직접적인 사물과의 상호작용을 통해 배운다. 유아기의 특징 중 하나는 감각을 사용하여 물체를 탐색하고 직접적인 조작을 통해 지식을 구성하고 배운다는 점이다. 유아가 지닌 타고난 호기심으로 물체를 직접 만져보고 냄새 맡고 두드려보고 관찰하고 움직이는 과정을 통해 많은 것을 배운다. 그러므로 유아의 이러한 특성에 맞도록 구체적인 경험을 줄 수 있는 풍부하고 다양한 교재 · 교구를 제공해 주는 것이 필요하다.

여섯째, 유아들은 다양하고 무한한 가능성을 지니고 있기에 유아들의 내면에 잠재되어 있는 가능성을 펼칠 수 있는 촉진제 · 매개체가 필요한데, 이것을 가능하게 하는 것이 교재 · 교구라 할 수 있다.

일곱째, 유아들은 같은 지식이나 주제라 할지라도 이해하는 방식이 유아마다 다르다. 유아들의 특성상 한 가지 방법보다는 다양한 방법을 이용해 주제에 접근했을 때 주제에 대한 이해를 더 높일 수 있다. 유아마다 주제를 접근하고 주제와 관련된 자신의 경험을 표현하는 데 있어서 각기 다른 방법들을 사용한다. 예를 들어, 가을 동산을 견학 갔다 온 뒤 어떤 유아는 그림으로 더 잘 표현하고 또 다른 유아는 신체 표현활동을 통해 더 잘 표현해 낸다. 이러한 유아의 특징상 다양한 교재 · 교구들을 이용해 다각적으로 유아의 이해도를 높이는 것이 필요하다.

여덟째, 유아는 집중력이 짧다. 유아들은 어른보다 집중력이 짧다. 이러한 유아들의 관심과 흥미를 끌어 활동을 이끌어 나가기 위해서는 매력적인 교재 · 교구들이 반드시 필요하다.

위에서 살펴본 바와 같이 유아를 위한 교재 · 교구는 구체적 경험을 제공하고 유아의 활동을 학습으로 연결시키며, 유아들이 배운 내용을 통합하도록 돕는 여러 가지 요소들을 포함해야 한다고 할 수 있다. 그러므로 교사는 유아들의 특성에 따라, 발달수준과 연령에 따라, 주제에 따라 그에 적합한 다양한 교재 · 교구를 준비하고 제공해 주어야 하며, 유아들은 자신의 능력이나 흥미에 맞는 교재 · 교구를 선택하여 놀이하는 동안 개념을 습득하게 되고, 문제해결력을 기르며, 타인을 이해하게 되고, 자신감을 형성해 나가는 기회를 갖게 된다(오연주 외, 2003).

Teaching Materials & Methods for Childern

CHAPTER 2

교재 · 교구의 역사

1. 코메니우스 | 2. 루소 | 3. 페스탈로치 | 4. 프뢰벨 | 5. 몬테소리

CHAPTER 2

교재 · 교구의 역사적 배경에서 볼 때, 20세기 이전의 교육은 성인의 축소판이라는 전제하에 영유아의 흥미와 무관하게 이루어졌다. 그러나 20세기 이후의 교육은 이러한 형식주의적이고 일방적인 전달 위주 방식의 교육을 비판하면서 영유아 중심의 새로운 교육사상이 등장하게 되었다. 교재 · 교구의 발달과 중요성을 강조한 다양한 학자들의 견해가 있으나, 이 장에서는 현대 교육사상 및 교재 · 교구연구의 발전에 기초적인 이론을 제공했으며 많은 영향을 미친 코메니우스, 루소, 페스탈로치, 프뢰벨, 몬테소리의 교육사상과 원리를 소개하고자 한다.

20세기에 들어와서 이루어진 교육의 변화 가운데 가장 큰 것은 교육의 대상으로서 아동을 새롭게 바라보기 시작했다는 점이다. 과거에도 아동을 교육의 대상으로서 중요하게 생각하긴 했지만, 그것은 어디까지나 어른의 관점에서 규정된 아동이었다. 고대나 중세, 적어도 근대 초기에는 아동을 '축소된 성인' 혹은 '결핍된 성인'으로 간주했다. 즉, 아동은 성인이 갖추어야 할 자질을 아직 갖추지 못한 미성숙한 인간이라고 보았다. 여기서 아동에게 결핍되어 있는 성인으로서의 자질 요소는 바로 다름 아닌 이성을 말한다. 즉, 아동은 이성이 부족하고 모자란 인간이라고 규정되었던 것이다. 이에 따라 아동은 이성을 충분히 계발하고 단련시킬 때까지 어른들이 적극적으로 지도해야 할 훈육의 대상으로 여겨졌다. 그래서 대체로 교과 중심 교육과정이 실행되던 시절에는 교사 중심, 교재 중심의 엄격한 교육이 시행되었다. 주로 교재의 내용을 교사가 학생들에게 해설해 주고, 학생들은 교재의 내용을 철저하게 암기하는 것이 주된 수업방법이었다. 이러한 교육으로는 학습자인 아동의 흥미나 필요, 아동의 생활과는 무관한 형식적인 교육이 되고, 교육내용은 지적인 내용을 교사의 설명과 아동의 암기로 공부해나가는 방식이었고, 아동을 상당히 엄격하게 억압하는 방법으로 진행되었다. 이러한 교육을 비판하고 반성하면서 등장한 아동 중심적인 교육사상가에 의해 새로운 움직임이 나타나게 되었다. 이 장에서는 과거의 학자들이 아동에게 효과적인 방법으로 생각해온 기본 사상과 교재 · 교구에 대한 인식에 대한 부분을 살펴봄으로써 교재 · 교구에 대한 중요성 및 필요성에 대하여 논의해 보도록 한다.

1. 코메니우스

코메니우스John Amos Comenius, 1592~1670는 세계적인 철학자이자 교육자이다. 그는 자신의 학교에서 가르쳤던 경험과 지식을 토대로 교수법에 대한 다양한 교재를 저술하였다. 대표적인 저서는 자연의 원리에 근거한 교수법과 발달이론에 근거한 학교 제도의 정립을 내용으로 하는 《대교수학》, 혁신적인 라틴어 교수법을 소개한 《열린 언어의 문》, 세계 최초의 그림책이라 불리는 《세계도회》 등이다. 《세계도회》

에 담긴 기본 원리는 교수법을 혁신하여 학습이 빠르고 즐거우며 철저하게 이루어지도록 하는 것이었다. 그는 교사들이 아이들의 마음 상태와 배우는 방식에 주의를 기울여야 하는 '자연의 발달단계에 따른' 교수법을 소개하였다.

그림 2-1 코메니우스

1) 코메니우스의 교육사상

(1) 모든 사람들에게 모든 것을 가르친다(범지학)

인간의 교육은 어느 영역만의 교육이 아니라 삶의 전체를 가르쳐야 하며 이는 코메니우스 당시에 널리 통용되어 있던 용어로 과학적 지식교육을 넘어선 모든 교육이다. 인류 전체에게, 전체를, 철저히 교육하는 것이 코메니우스의 교육원리이다. 이는 오늘날의 전인교육이라 할 수 있다.

(2) 교육은 모든 사람에게 공통적으로 이루어져야 한다

《대교수학》에서 코메니우스는 학교교육의 단계를 어머니 학교0~6세, 각 가정, 모국어 학교7~12세, 각 동리, 라틴어 학교12~18세, 각 도시, 대학18~24세, 각 왕국의 4단계로 구상하였다. 어머니 학교는 가정이기에 어머니로부터 교육받는 가정교육을 말한다. 모국어 학교는 무상 의무교육으로 제공되어야 한다고 보았다. 어머니 학교의 중요성을 강조하여 후에 유아교육의 창시자인 프뢰벨에게도 영향을 주었고, 모국어 학교는 오늘날의 초등교육기관에 해당하는 것으로 당시의 교육이 라틴어 중심 교육이었는데, 모국어를 먼저 가르쳐야 한다는 것을 주장하였다. 그 당시 일부 계층의 사람들에게 허용되었던 교육받는 대상이 모든 사람에게 평등하게 허용되어야 한다는 것은 오늘날의 보편적 교육의 이념이라 볼 수 있다.

(3) 교육은 사물을 통한 직관의 원리에 따라서 해야 한다

코메니우스는 유아들의 감각기관을 통해 사물에 대한 지각을 해야 한다고 보았다. 즉, 감각은 확고한 지식의 기반이 되기에 유아들의 감각기관을 통해 자연세계의 사물들을 직접적으로 지각하는 것이 중요하다. 《세계도회》는 그림이 그려진 감각적 직관 교재이다. 총 150장으로 이루어져 각 장마다 번역과 그림으로 구성되었으며, 유럽의 모든 국가에서 오랫동안 사용되었던 일종의 교과서이다. 코메니우스는 이 저서를 통해 그림 또는 실물의 직관을 통해 유아 주변의 사물을 감지하도록 하였다. 오늘날 시청각교육과 유사한 개념이라고 할 수 있다.

(4) 교육은 인간의 본성에 알맞은 자연의 질서에 따라야 한다

코메니우스는 인간은 자연의 일부분으로 자연과 밀접한 관련을 가지고 있다고 했다. 자연과 인간, 교육의 내용이 자연의 질서와 같이 정연하게 배열되어 활용된다면 인간의 발달, 지능의 계발과 지식의 습득에 긍정적인 영향을 줄 수 있다. 코메니우스는 자연의 원리에 따라 교육의 내용도 단순한 것에서 점차로 복잡한 것으로, 일반적인 것에서 특수한 것으로, 쉬운 것에서 어려운 것으로, 일상에서 가까운 것에서 먼 것으로 구성해야 한다고 보았다.

2) 코메니우스의 영향

- 유아기의 교육의 중요성을 강조함으로써 오늘날 유아교육의 발전에 지대한 영향을 미쳤다.
- 인간의 성장과 발달의 단계별로 적합한 교육을 실시하여야 한다.
- 교육방법의 혁신으로 감각과 직관을 이용한 교육, 아동의 흥미를 가져오는 그림책을 저술하였다.

2. 루소

그림 2-2 루소

루소Jean-Jacques Rousseau, 1712~1778는 아동 중심 교육관 또는 자연주의 교육관을 제시한 프랑스의 계몽주의 철학자이다. 루소는 《에밀》이라는 소설 형식의 교육론 책을 통해 교육방법을 제시했다. 그는 이 책을 통해 에밀남아과 소피여아라는 가상의 인물을 등장시킨다. 에밀을 위한 교육은 유아기, 아동기, 소년기, 청년기, 결혼하기까지의 5단계로 설명한다.

1) 루소의 교육사상

(1) 사람은 선하게 태어났다

인간은 선한 본성을 가지고 세상에 태어나지만, 태어난 이후 접하게 되는 환경의 영향을 받아 악한 존재가 된다. 그는 따라서 선한 본성을 키우려면 자연과 사물을 가까이 하면서 선한 본성이 자연스럽게 발현되도록 교육해야 한다고 주장한다. 또한 교육에 대해서도 성인 중심적인 교육이 아니라 아동 중심 교육의 발상으로 아동의 흥미와 관심을 존중하는 것이 가장 좋은 교육이라고 본다. 오늘날 '학습자 중심의 교육', '자기 주도 학습'의 기초가 된다고 볼 수 있다.

(2) 교육은 세 종류의 교사(자연, 사물, 인간)를 통해 이루어진다

세 종류의 가르침이 서로 대립된다면, 아동은 제대로 된 교육을 받지 못하고 조화로운 사람이 되지 않는다. 사람의 성장과 발달은 자연적인 순서를 따라 자연스러운 내면의 발달을 가져와야 한다. 이를 위해서 자연환경이 갖추어진 곳에서 자연 본위로 아동을 기르는 것이 좋다. 사물에 의한 교육은 사람이 자신의 외부 사물과 접촉하여 감각과 경험을 하게 되면서 이루어진다. 인간에 의한 교육은 인위적이어서 폐단을 가져오지만 자연 · 사물 · 인간에 의한 교육이 조화된다면 참된 인간교육이 가능하다고 보았다.

(3) 인간의 성장과 발달에 맞춘 자연스러운 교육을 해야 한다

아동이 태어나기 전부터 한 사람의 이상적인 교사가 아동의 전 교육에 전심한다는 것을 전제로 하여 에밀을 위한 교육과 소피를 위한 교육을 기술하였다.

① 유아기 : 에밀의 출생~5세경, 신체의 자유를 구속하지 않는 양육

이 시기의 유아들은 자연 질서에 따른 자연스러운 신체의 발육이 중요하다. 유아들이 잘못을 하게 되면 사물 그 자체가 벌을 주기에 성인이 유아를 독촉하거나 교정해주지 않고 유아의 자유정신을 길러주도록 해야 한다.

② 아동기 : 에밀 5~12세, 신체와 감각의 훈련

이 시기에는 감각기관이 발달하게 되고, 감각기관의 훈련이 신체적인 발달에 중요한 역할을 한다. 따라서 아동들에게는 자연을 접할 수 있는 환경이 중요하고, 이것을 유일한 교육의 장소로 삼아야 한다고 보았다. 자연에 의한 사물교육이 곧 자연주의 교육이다.

③ 소년기 : 에밀 12~15세, 지능과 기술교육

이성의 힘에 의지하여 자연 · 사회 · 인간에 대한 유용한 지식을 습득하는 데 가장 적절한 시기로 보았다. 지적 훈련뿐 아니라 이 시기에 육체적 훈련과 노동의 필요성도 강조하여 직업교육의 시기라고 보았다.

④ 청년기 : 에밀 15~20세, 도덕과 종교교육

이 시기의 교육은 가장 의도적이고 본격적이며 지적인 교육이 실시되는 시기이다. 역사 · 문학 · 철학 · 법률 등 다양한 학과목을 배우고 사랑, 도덕과 종교에 대한 교육을 받게 된다.

⑤ 성인기 : 에밀 20세 이후부터 소피와 결혼까지

여성을 위한 교육으로는 에밀과 결혼한 소피라는 가상적인 여자를 위한 교육론이 전개된다. 남녀의 교육에 차별을 두어 여성은 남성과 다르기 때문에 역할이 다를 수밖에 없다고 주장하였다.

2) 루소의 영향

- 어린이들은 선하게 태어났고, 선한 본성을 키우는 교육은 아동의 선한 본성이 발현되도록 아동의 흥미와 관심을 출발점으로 하는 아동 중심적인 교육을 해

야 한다.

- 실물에 대한 감각적 경험과 직접적인 체험에 대한 강조는 후에 페스탈로치, 프뢰벨, 듀이 등에 영향을 미치게 되었다.

3. 페스탈로치

그림 2-3 페스탈로치

페스탈로치Pestalozzi, 1746~1827는 고아원 아이들의 아버지라고 불릴 정도로 몸소 헌신적인 교육을 실천한 범인류애적인 교육 실천가이다. 페스탈로치는 산업혁명과 프랑스혁명 등 그가 산 시대적 상황을 통해 인권 존중이 중요하다고 생각하였고, 이를 위해서는 교육을 통한 의식의 변화가 필요하다고 보았다. 인식 변화는 제도적 측면의 개선도 필요하고, 학습환경의 변화도 필요하다고 보았다.

루소의 교육사상에 영향을 받아 교육은 아동의 본성을 따라야 하며, 교육이론을 실제 교육현장에 도입하여 감각에 의한 교수방법을 확장시켰다. 아동교육에 관련된 저서는 양육 지침서인 《게르트루트는 어떻게 그녀의 아이들을 가르치는가》, 《유아교육 서간》, 《은자의 황혼》 등이 있다.

1) 페스탈로치의 교육사상

(1) 교육의 목적은 인간을 개혁하고 사회를 개혁하는 것이다

인간교육의 목표는 첫째, 교육은 어린이들의 본성에 따라 자기 성장을 촉진하고 도와주는 것이다. 둘째, 교육은 어린이들의 환경과 능력에 부응하여 개별화 학습방법으로 진행되어야 한다. 셋째, 어린이들의 교육은 그들의 발달단계와 일정한 순서로 이루어져야 하기에 교육과정 역시 어린이들의 발달단계를 따라야 한다. 유아의 능력은 내부로부터 발전시켜 가도록 해야 한다는 것이다. 교육을 가장 좋은 사회 개혁의 수단으로 보았지만 인간은 자기 목적적 존엄한 존재로 결코 다른 목적을 위한 수단이 되어서는 안 된다고 강조한다.

(2) 교육은 머리 · 마음 · 손의 조화로운 발달을 가져와야 한다

교육은 머리 · 마음 · 몸의 조화로운 발달을 이끌어 내야 하며, 그러한 교육은 도덕적이고가슴, Heart, 지적이며머리, Head, 기능적으로손, Hand 균형을 이루게 된다. 서적 중심의 교육이 아니라 어린이들의 자기 활동을 통한 노작work-oriented적 학습활동을 중요하다고 보았다. 손의 활동을 중심으로 하는 수공적 활동뿐 아니라 신체적 활동, 자연을 다루는 것을 통하여 궁극적으로는 정신적 활동도 도야된다고 보았다. 이러한 머리 · 마음 · 손의 조화로운 발달이 인간교육의 목표를 달성하는 것이며, 삼육三育을 통한 전인적 발달을 강조한다.

(3) 교육은 직관에 의해서 이루어져야 한다

모든 인간교육의 기초는 직관에 의해 이루어진다. 인간은 감각을 통해서 직관력을 발달시킬 때 사물을 정확하게 인식할 수 있기 때문이다. 직관으로 사물의 대상에 접근하게 될 때 사물의 본질을 확실하게 이해할 수 있고, 이것을 바탕으로 새로운 지식을 형성하게 된다. 특히, 유아기에는 관찰을 통한 사물교육이 언어교육보다 먼저 실시되어야 하며, 사물 없이는 정확한 지식을 형성할 수 없기에 유아기의 모든 교육은 직관의 원리와 관련되어야 한다. 또한 모든 사물을 수數 · 형形 · 어語의 세 측면에서 파악하는 일이 인식의 기초가 되므로 국어 · 수학 · 기하학을 매우 중시했다.

(4) 교육의 기본원리는 '합자연의 원리'이다

인간의 손과 문화로 인해 타락한 인간성을 회복하여 인간의 자연스러운 상태, 원래의 선한 모습으로 돌아가는 것이 교육이다. 즉, 교사는 유아 내부 세계와 발달단계, 유아 주위에 둘러싼 자연의 특성과 발전의 법칙을 잘 이해하여 그 이해를 바탕으로 무리 없이 유아를 키워나가는 것이 중요하다. 유아의 일상생활에서 느끼는 자연적 요구와 이에 따른 감각 운동적인 개인활동 속에서 교육방법원리를 찾는다. 주입식, 타율적 훈련방법이 아니라 자기 활동적 · 자발적 훈련방법을 강조하였다.

(5) 교육방법은 개별화 학습이론을 따라야 한다

유아의 타고난 감각 운동적인 활동성을 반영하여 교육시켜야 하며 모든 교육은 가장 단순한 논리로부터 시작해야 한다. 특히, 교육방법은 개인의 능력과 차이점을 고려하고 존중하여 학습활동을 완전하게 학습할 때까지 충분한 시간을 제공해야 한다.

2) 페스탈로치의 영향

- 교육은 전인적인 발달을 목표로 해야 하며 직업교육도 전인적인 발달을 토대로 전개되어야 한다. 직업교육노작 교육에 대한 부분은 페스탈로치의 제자인 프뢰벨에게 영향을 주었다.
- 교육은 감각을 통해 사물을 직관적인 관찰을 하게 되고 사물에 대한 인식을 키울 수 있기 때문에 교육방법의 개선이 필요하다고 보았다.

4. 프뢰벨

그림 2-4 프뢰벨

프뢰벨Froebel, 1782~1852은 유치원교육의 창시자로, 낭만주의 철학과 루소 · 페스탈로치 등의 영향을 받았다. 프뢰벨은 교육을 신과 인간과 자연의 통합으로 보았다. 교육의 목적은 인간의 내적 본성을 발현unfolding하는 것이며, 자유스러운 환경을 제공하여 유아들이 자신의 능력을 전개시켜 나가는 자기 활동적인 인간이 되도록 하는 것이다. 어린이 노작교육을 위한 작업충동을 가르치기 위한 기관 '유희 및 작업 교육소'라는 이름으로 유아교육기관을 건설하였고, 후에 유치원이라고 개칭하였다. 이곳에서 어린이들이 창조적으로 작업할 수 있는 은물恩物, gifts, Gabe을 제작하여 보급하였다.

1) 프뢰벨의 교육사상

(1) 통일의 법칙

프뢰벨의 교육사상 중 통일의 법칙은 신과 인간, 자연과의 합일을 이끌어 내는 원리이다. 만물에는 영원한 법칙이 있는데, 신은 우주를 지배할 수 있는 영원한 법칙이다. 영원한 법칙이 만물을 움직이고 작용하고 지배한다고 보았다. 우주의 모든 것 속에는 통일의 법칙이 들어 있고, 이것은 은물의 원리로 표현될 수 있다. 또한 인간 내부에 존재하는 정신은 자연의 힘에 의해 외부로 나오게 되고, 외부의 자연은 정신을 통해서 내부로 들어온다는 것이며, 이 두 가지를 하나로 통일시키는 것이 통일의 법칙이다.

(2) 노작의 원리

프뢰벨은 인간은 노동노작을 함으로써 자신의 내적인 본질신성을 표현하게 되는데, 그 시작은 유아기부터 시작한다고 보았다. 어린이들의 모든 활동과 작업은 결과적으로 자기 발전을 완성하는 것으로, 어린이들은 노작을 통해서 정신을 자유롭게 하고, 신성을 표현하며, 어린이들의 의식을 자유롭게 만들어 주게 된다. 어린이들의 놀이를 최초의 생산활동으로 간주하였고, 노작의 원리는 어린이들의 미래 직업관을 위해서도 필요하다고 보았다.

(3) 놀이의 원리

놀이는 생명을 발달시킬 수 있는 신체적 · 심리적 · 사회적 · 도덕적 힘을 가지고 있고, 놀이를 통해서 어린이들의 활동 욕구와 학습 욕구를 충족시켜 줄 수 있다. 프뢰벨은 교육의 목표인 대자연과 우주의 진리를 파악해서 어린이들의 수준에 알맞은 교구로 은물을 고안하였다.

2) 은물

프뢰벨은 그의 저서 《인간교육》에서 은물gifts이란 '신이 주신 선물'이라는 의미의 고안된 놀잇감이라고 정의하고 있다. 프뢰벨은 어린이들이 은물신이 창조한 세상 사물의 기본 형태을 제공하여 놀이할 수 있도록 고안하였다. 은물은 완성된 교구가 아니라 도형의 가장 기본적인 모양으로 되어 있어 유아들이 스스로 만들도록 되어 있다. 은물은 시대가 변천함에 따라 여러 형태로 바뀌고 있으나 기본 형태인 최초 10종류를 살펴보면 다음과 같다.

표 2-1 은물의 종류와 특성

은물의 의미	은물의 종류	놀이의 예
1은물 (색)	• 구성 : 직경이 5cm인 면실로 짠 끈이 있는 공 6개, 끈이 없는 공 6개(빨강 · 파랑 · 노랑 · 주황 · 초록 · 보라) • 목적 : 운동과 일치, 그리고 무한성의 상징. 공은 모든 자연물 형태의 기본적인 면 · 선 · 점을 포함하고 있기에 모든 형태를 만들 수 있는 전체성의 원리를 포함	연상놀이 모방놀이
2은물 (형)	• 구성 : 지름이 5cm인 공, 5cm인 원통, 고리 달린 원기둥, 한 변이 5cm인 정육면체, 고리 달린 정육면체, 직육면체 받침대 1개, 기둥 1개, 보 1개, 길이 30cm의 막대 1개, 둥근 놀이 긴 막대 2개 • 목적 : 물리학과 건축의 기초로 주춧돌을 상징하는 정육면체, 건물의 기둥을 의미하는 원기둥, 기둥 머리인 공을 상징하는 세 가지 요소가 독립되면서도 완전한 전체가 되는 통일성의 법칙	비교놀이 연상놀이 모방놀이
3은물 (수)	• 구성 : 8개의 2.5cm의 정육면체 • 목적 : 생활의 형식으로 정육면체로 여러 생활의 물건(의자 등)을 만들거나 형태를 변형시켜 미적 감각(별, 눈 등의 모양)을 발달시키거나, 분리와 집합의 원리 등의 인식을 발달시킬 수 있음	연속된 건축놀이 쌓기놀이 대칭놀이
4은물 (넓이)	• 구성 : 5cm×0.5cm×0.25cm 크기의 직육면체 8개 • 목적 : 자유롭게 구성하여 건축물을 만듦(정육면체 · 직육면체 등)	건축놀이 빈 자리 채우기
5은물 (균형)	• 구성 : 2.5cm의 정육면체 21개, 큰 삼각기둥 6개, 작은 삼각기둥 12개 • 목적 : 삼각형의 성질과 삼각기둥의 성질을 알고 궁극적으로는 창의성과 인지발달, 정신발달이 촉진됨	비교하기 건축놀이 무늬놀이

은물의 의미	은물의 종류	놀이의 예
6은물 (비례)	• 구성 : 1.25cm×2.5cm×5cm인 직육면체 18개, 2.5cm×2.5cm×1.25cm의 작은 직육면체 12개, 1.25cm×1.25cm×5cm의 긴 직육면체 6개 • 목적 : 기둥과 받침대의 구실을 알게 해줌. 공간적 표현예술로 단순성에서 복잡성으로 규칙과 법칙에 따른 공간적인 표현 연습	비교하기 건축놀이
7은물 (면)	• 구성 : 한 변의 길이가 2.5cm인 정사각형, 정사각형을 대각선으로 나눈 직각 이등변삼각형, 세 변의 길이가 2.5cm로 같은 정삼각형, 직각부등변 삼각형, 둔각 이등변삼각형, 지름 2.5cm인 원, 반원, 한 변의 길이가 2.5cm인 마름모 • 목적 : 면의 종류와 특징을 앎	독립된 실물 무늬놀이
8은물 (직선)	• 구성 : 2.5cm, 5cm, 7.5cm, 10cm, 12.5cm, 15cm 막대 각각 약 250개 • 목적 : 사물의 길고 짧음, 거리 개념을 이해하여 물체 형태와 관찰력을 증진시켜줌	실물놀이 무늬놀이
9은물 (곡선)	• 지름 5cm, 3.75cm, 2.5cm의 둥근 고리와 지름 5cm, 3.75cm, 2.5cm의 반 고리 • 목적 : 직선과 곡선의 차이점, 고리와 반고리의 차이점을 인식시킴	실물놀이 무늬놀이
10은물 (점)	• 구성 : 지름 10mm, 높이 5mm인 작은 알갱이 약 500개 • 목적 : 점은 입체를 구성하는 요소로 분해될 수 없는 것이고, 점의 연결에 의해 직선과 곡선이 생긴다는 것을 알게 됨	실물놀이

3) 프뢰벨의 영향

- 어린이들의 놀이는 자연스러운 것이며, 놀이를 통하여 자연스러운 교육활동이 된다고 보아 놀이의 교육적 의의를 발견하였다.
- 어린이들이 창조적으로 활동할 수 있도록 작업할 수 있는 은물을 고안하였고, 노작을 통해 어린이들을 둘러싸고 있는 환경을 인식하고 결과적으로 신성을 표출한다고 보았다.
- 프뢰벨의 교육사상은 듀이에게 영향을 주어 학교교육과정의 중심요소를 일상생활의 경험에서 찾아내어 교육내용을 구성하도록 하였다.

5. 몬테소리

몬테소리Maria Montessori, 1870~1952는 이탈리아의 여의사이며, 심리학자 · 아동교육자이다. 이탈리아에서 여성 최초로 의대에 입학하고 의사가 되었지만 여성에 대한 차별로 취업을 쉽게 하지 못했고, 정신병원에서 보조의사로 일하게 되었다. 그 병원에서 정신장애아동 처우의 끔찍한 환경을 보고 이를 개선하기 위한 필요로 정신장애아동의 치료와 교육에 관심을 가지게 되었으며, 이후 아동들의 교육에까지 관심영역이 확대되었다. 지적 장애가 있는 아이들이 손가락을 움직일 수 있는 장난감을 가지고 노는 동안 아이들의 지능이 향상되었다는 것을 발견하고 감각의 자극을 활용하는 교육과 치료에 확신을 가지게 되었다. 후에 로마에서 가난한 동네에 빈민들을 위한 탁아소카사 데 밤비니를 설립하였고, 정신장애아동을 위한 교육방법을 발전시켜 일반 아동에게까지 확대하였는데, 이것이 어린이들의 지력을 향상시키고 감각을 풍부하게 만들었다.

그림 2-5 몬테소리

1) 몬테소리의 교육사상

(1) 전통적인 교육을 개혁하여 과학적 교육이 되어야 한다

전통적인 교육은 교사가 모든 것을 준비하고, 어린이에게 전달을 해주는 방식이었다면 과학적 교육은 교사는 어린이에게 준비된 환경을 제공하고, 어린이는 스스로 학습하는 방법으로 교사와 교구, 어린이가 상호 보완적인 역할을 하는 것이다. 어린이가 모든 사물과 교구를 자유자재로 조작하면서 어린이들은 학문적인 정신을 발달시킬 수 있다고 보았다. 전통적인 교육과 과학적 교육의 차이점은 그림 2-6과 같다.

과학적 교육을 위해서는 어린이들의 발달단계에 맞는 환경을 조성해 주어 어린

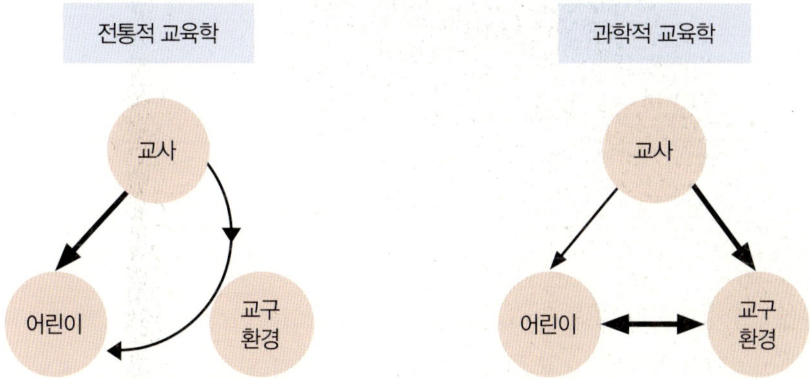

그림 2-6 몬테소리의 전통적 교육과 과학적 교육의 차이점

출처 : 조성자(2005)에서 재인용.

이들이 자신의 속도에 맞추어 학습하도록 도와주어야 한다. 이를 위해 환경을 구성하는 교사의 역할이 중요하다고 보았다.

(2) 생명의 발달단계를 고려해야 한다

몬테소리의 아동관은 생명을 돕는 교육인데, 이는 생명의 발달단계를 고려해야 한다는 것이다. 모든 생명체는 자기의 일반적인 질서에 따라 발달하고 적응하게 된다. 생명을 돕는 교육은 아동의 발달단계를 고려하는 것이다. 어린이는 스스로 발달해 갈 수 있는 능력이 있으며 그것은 유아 자신으로부터 전개되는 과정이다. 즉, 유아들이 자신의 내부에 잠재되어 있는 정신능력을 통해 환경을 받아들이고 스스로 경험을 통해 배우는데, 이를 흡수정신absorbent mind이라 하였다.

(3) 집중력을 통해 자동교육으로 이끌어야 한다

몬테소리는 어린이들이 집중력을 통해 자동교육으로 이끌어야 한다고 보았다. 어린이들이 오직 한 가지 일에만 몰두하는 특정 시기를 가지는데, 몬테소리는 이를 '관심의 집중화'라는 개념으로 표현하였다. 어린이들의 관심이 최대한으로 극대화되는 시기를 민감기sensitive period라고 하는데, 이러한 현상은 어린이들을 위한 교육적 · 물리적 환경과 교구가 준비된 상태에서 이루어진다고 보았다. 몬테소리는 어린

그림 2-7 영유아의 자동교육의 발달과정

출처 : 조성자(2005)에서 재인용.

이들이 자신을 구체화하고 현실화하는 과정에서의 교육방법이 자유라는 것이다. 자유는 활동을 수반하고, 활동을 스스로 반복함으로써 습관이 되고, 이로써 자동교육이 이루어지게 된다. 그러므로 어린이에게 자유는 인간 정신의 필수적인 요인이다. 어린이들은 개인적으로 교구와 상호작용을 통해서 스스로가 실수를 발견하고 수정하며 배워 나간다는 것이다. 즉, 어린이들은 자기 교육과 자기 교정을 통해 스스로 학습한다고 할 수 있다.

관심의 집중화는 다음과 같은 과정으로 구분할 수 있다.

- 준비단계 : 교구에 매력을 느껴 환경과 사물에 접근하는 단계
- 주 작업 또는 활동단계 : 정신적 집중력이 발생되는 단계, 정신과 신체가 동시에 작용하는 몰입상태, 어린이들의 자유로운 상태
- 휴식단계 : 작업시간과 비례하여 휴식을 필요로 하는 단계, 다음 단계의 선택과 진행을 위해 명상하는 단계로 자기 평가를 하는 새로운 지식의 도야단계

(4) 감각교육

모든 외부의 요소들은 감각기관을 통해 인간 내부로 전달되며 외부에서 전달된 정보들은 어린이들의 정신적인 영양소가 된다. 어린이의 정신은 모든 자료를 자유로운 활동을 통해 자신 속에 축적하고, 이 내용을 감각기관을 통해 개념화하고 행동이나 사고를 표현하는 정신적 활동을 하게 된다. 몬테소리는 교육은 감각을 이용하여 이루어질 때 효과적이고 또 감각기관의 훈련과 발달은 제반 개념을 이해하기 위한 기초가 된다고 주장하였다. 어린이들의 감각을 자극하기 위해 교수를 시각·청각·미각·촉각 등 감각을 경험할 수 있도록 고안하였고, 이러한 감각교육을 통해 지적 발달을 이룰 수 있다고 보았다.

2) 몬테소리의 영향

- 전통적인 교육과 과학적 교육의 차이에 대한 부분을 이념적 뿐만이 아니라 실증적으로 증명하였다. 정신장애아동에 대한 몬테소리 교구에 대한 교육적 효과를 증명하였고, 교구를 변용하여 탁아소에서의 일반 아동에 대한 효과를 실증적으로 증명하였다.
- 19세기 말에도 어린이는 통제할 수 없는 귀찮은 존재로 체벌과 주입식 교육을 실시하고 그에 적응하지 못하는 어린이는 정신장애로 분류되었는데, 이들에 대한 애정과 관찰로 교육과 치료의 가능성을 열어놓았다. 장애아동을 위한 교구가 후에는 변형되어 일반 아동을 위한 몬테소리 교구로 발전되었다.

Teaching Materials & Methods for Childern

CHAPTER 3

교재 · 교구의 기초적 이론

1. 데일의 경험의 원추이론 | 2. 벌로의 의사소통이론
3. 브루너의 학습의 준비성이론

CHAPTER

3

교재 · 교구는 현장에서 어떻게 적용되는가의 정도에 따라 분류체계가 달라진다. 이 장에서는 영유아의 경험의 구체성과 추상성의 정도에 따라 교재 · 교구의 매체를 분류한 데일의 경험의 원추이론과 벌로의 의사소통이론, 브루너의 학습의 준비성 이론에 대해 살펴보고자 한다.

1. 데일의 경험의 원추이론

데일Dale(1946)은 인간이 하게 되는 경험은 현실과 같은 수준의 직접 경험하는 것, 즉 구체성을 가진 경험에서부터 시작하며, 점차로 간접성의 정도가 높아지게 되면 언어 · 기호와 같은 추상적인 경험을 하게 된다는 경험의 원추cone of experience이론을 주장하였다. 이는 그림 3-1과 같은 11단계의 원추 모양을 이루게 되는데, 원추의 아래 부분은 구체성이 높은 단계로 구체적인 학습자의 연령이 어린 경우에 효과적이고, 윗부분의 추상성이 높은 단계는 학습하는 시간이 짧아져서 효율적이라고 하였다. 성공적인 학습을 하기 위해서는 학습자의 연령을 고려해야 하고, 구체적 매체와 추상적 매체를 통합적으로 사용하는 것이 바람직하다.

1) 행동적 경험 : 직접적이고 의도된 경험

구체적이고 직접적이며 감각적인 경험으로 생활의 실제 경험을 통해 의미 있는 정보와 개념을 축적한다.

2) 행동적 경험 : 고안된 경험

직접적인 공간의 한계를 극복할 수 있게 하며, 실물의 복잡성을 단순화시켜 기본적인 요소만을 제시한다.

3) 행동적 경험 : 극화된 경험

직접 접할 수 없는 사건이나 개념을 연극을 보거나 직접 출연함으로써 경험하도록 한다.

4) 시청각적 경험 : 시범

시범은 중요한 사실 · 생각 · 과정을 시각적으로 보여 주는 것이다. 사진 · 그림 ·

동작을 활용하여, 또는 실제 시범을 통하여 배울 수 있도록 한다.

5) 시청각적 경험 : 견학

일이 실제 일어나는 곳이나, 현장을 직접 가서 보고 경험하는 것이다.

6) 시청각적 경험 : 전시

사진 · 그림 · 책 등의 전시 등을 학습자에게 보여 줌으로써 학습자는 전시된 것을 관찰하며 배울 수 있도록 한다.

7) 시청각적 경험 : TV

현재 진행되고 있는 사건이나 일어나고 있는 현상을 담아서 제공하는 것이다. 중요한 요점들만을 편집하거나 수록할 수 있는 동시성이 있으며, 직접경험의 감각을 제공할 수 있다는 특징이 있다. 여러 가지 내용을 동시에 보여 줄 수 있고, 그림이나 글씨를 삽입하여 활용할 수 있다.

8) 시청각적 경험 : 영화(필름)

보고 듣는 경험을 제공하고 경험하지 않은 사건을 상상으로 간접경험하게 하며 현실감을 느낄 수 있게 한다. 또한 중요한 상황이나 인물을 확대하여 다룰 수 있다. 사실이나 상황을 제작하고 극화하면서 학습자들의 흥미를 유발할 수 있다.

9) 시청각적 경험 : 녹음 · 라디오 · 사진 · 그림

앞에서 설명한 매체들보다는 간접적이긴 하나 동기를 유발하는 데 효과적이다. 특히, 글을 모르는 학습자들에게는 적절한 매체이다.

10) 상징적 경험 : 시각기호

시각기호는 추상적인 표현을 다루며 칠판 · 지도 · 도표 · 차트 등을 이용해 실제 물체를 나타내기도 하고 시각적인 기호로 표현하기도 한다. 시각기호는 학습들의 경험과 연관이 있을 때 기호로서 효과성을 갖게 된다.

11) 상징적 경험 : 언어기호

언어기호문자 · 음향 · 기호는 사물이나 내용이 의미하는 것과 시각적으로 연관을 갖지 못하는 것으로, 추상적 언어기호는 시각기호의 의미를 이해하고 있어야 명확성을 가질 수 있다. 새로운 언어의 의미는 추상적인 언어기호로만 하기는 어렵고, 이전의 시청각적 경험이나 직접경험에 의해서 그 의미가 명확해진다고 볼 수 있다.

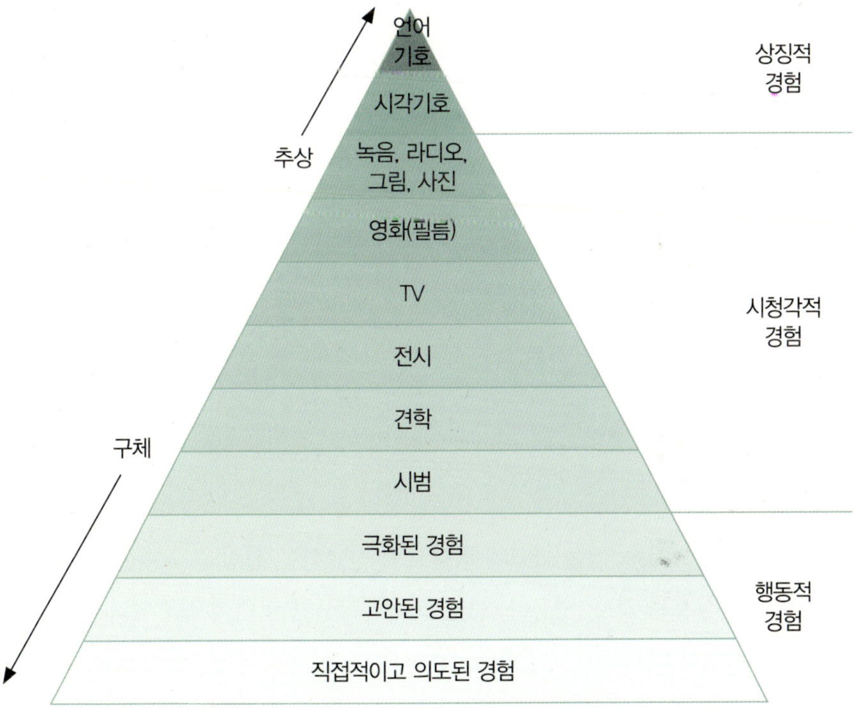

그림 3-1 데일의 경험의 원추이론

2. 벌로의 의사소통이론

의사소통이란 사람들이 지식이나 의견, 감정 등의 정보를 전하거나 교환하는 것이다. 의사소통은 한 사람 또는 그 이상의 사람들에게서 다른 사람에게로 정보와 이해가 전달되는 과정이다. 의사소통을 통해 새로운 지식을 획득하기도 하고, 자기의 생각이나 행동을 변화시키기도 한다. 교육에서 의사소통은 상당히 중요하다. 학습은 교사와 영유아, 영유아와 영유아, 영유아와 교재 · 교구와의 상호작용 등이 의사소통과정 속에서 이루어진다. 의사소통의 구성요소는 송신자 · 메시지 · 채널 · 수신자가 있고, 상호작용의 관계에서 메시지의 해석이 이루어진다.

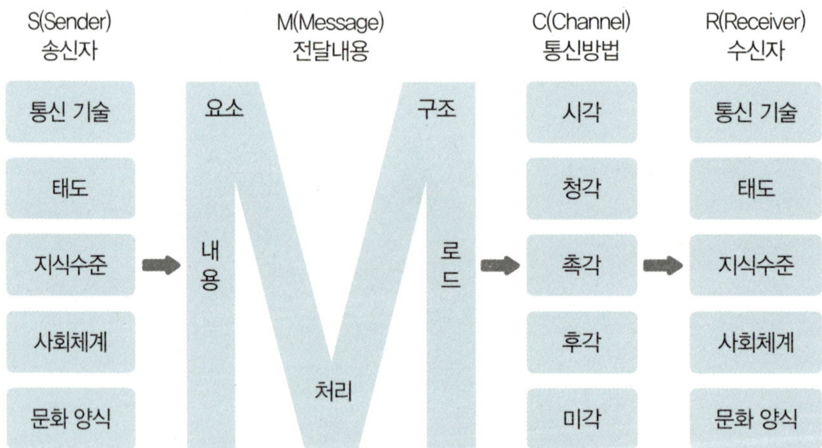

그림 3-2 벌로의 의사소통이론 모형

1) S : 송신자

송신자는 메시지생각 · 감정 · 정보 등를 말로써 전달하는 사람을 의미한다. 교육 장면에서 주로 송신자는 교사, 영유아, 또는 교재 · 교구가 여기에 해당된다. 수신자에게 보다 효과적으로 메시지를 전달하기 위해서는 수신자의 통신 기술, 태도, 지식수준, 사회체계, 문화 양식을 파악하고 메시지의 내용을 선정해야 한다. 다음으로 수신자의 특성에 적합한 매체를 선정하고 메시지에 대한 수신자의 반응을 파악한 후 이에 대응하도록 한다.

2) M : 메시지

메시지는 송신자가 만들어 내는 정보로 수신자에게 전해지는 전달내용이다. 교육 장면에서는 학습내용 또는 수신자에게 전달되는 자극, 송신자의 생각, 감정 등도 메시지가 된다.

3) C : 채널

채널은 송신자가 만들어 낸 메시지를 수신자에게 옮겨주는 통신방법으로, 시각 · 청각 · 촉각 · 후각 · 미각 등 다양한 감각을 이용하게 된다. 교육환경에서 많이 사용하는 채널은 시청각매체를 통해 메시지를 전달한다.

4) R : 수신자

수신자는 송신자의 메시지를 듣고 그것을 해석하는 역할을 하게 된다. 수신자는 전달내용인 메시지를 제공된 채널을 통해 받아들인 정보를 해석하여, 받아들일 것은 받아들이고 재생시킬 것은 재생시켜 송신자에게 반응함으로써 수신자와 송신자의 역할을 하게 된다.

5) 피드백

피드백은 의사소통과정의 여러 부분과 요소들에 영향을 미치고 이들을 연결시킨다. 피드백은 송신과 수신의 과정을 통해 문제가 되는 점을 알아내고, 이를 수정하고 보완하여 의사소통이 지속적으로 이루어지게 하기 위한 요소가 된다. 교육환경에서 피드백은 수신자에게 보낸 메시지에 대한 반응을 송신자로 하여금 파악할 수 있도록 하여 교사가 자신의 의사소통방법을 수정하거나 보완하도록 해준다.

의사소통이론 중 쉐논Schannon과 슈람Schramm의 통신과정에서는 메시지의 전달을 방해하는 요소가 소음이라고 보았다. 소음은 물리적 소음과 내부적 소음으로 나누어진다. 물리적 소음은 환경적인 요인으로 좌석 배치나 햇빛 또는 주변의 소란함, 어두운 조명 등을 의미한다. 내부적 소음은 학습자의 지적 수준이나 언어능력에 적합하지 않은 학습내용, 발달단계에 적합하지 않은 교재 · 교구의 선택 등을 의미하는데, 물리적 소음보다 더 중요한 요소이다. 내부적 소음의 영향을 최소화하는 방법은 발달단계에 적합한 교재 · 교구 선택, 시청각자료의 적절한 제시, 전달내용을 반복적으로 제시하는 등의 노력이 필요하다.

3. 브루너의 학습의 준비성이론

브루너Bruner는 그의 저서 《교육의 과정》에서 '어떤 교과든지 지적으로 올바른 형식으로 표현하면 어떤 발달단계에 있는 어떤 아동에게도 효과적으로 가르칠 수 있다'는 가설을 설정하였다. 피아제의 인지발달이론과 관련하여 어린이가 세계를 알아보기 위하여 어떻게 심상을 정보 처리하는가를 밝혔는데, 어떤 아이디어라도 발달단계에 적합한 사고방식과 언어를 사용하고 표현하면 어린이들이 학습할 수 있다는 것이다. 학습의 준비성은 피아제의 인지발달이론과 맥을 같이 하는데전조작기 · 구체적 조작기 · 형식적 조작기, 지식의 표상 형식을 행동적 · 영상적 · 상징적 표상의 세 가지로 보았다.

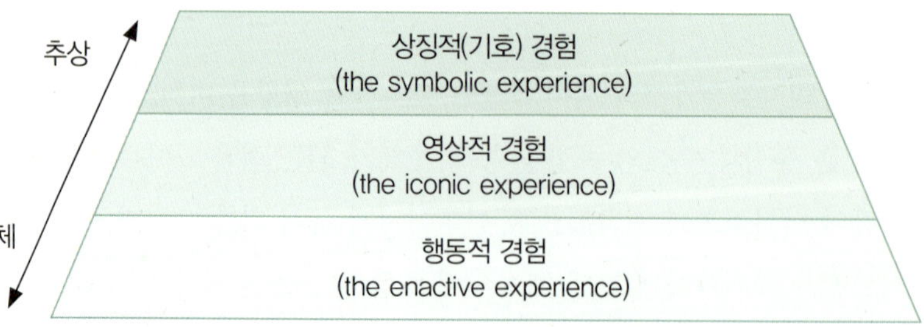

그림 3-3 브루너의 경험의 분류

1) 행동적 표상

어린 유아가 자신과 환경과의 직접적인 접촉 행위를 통하여 세상에 대한 지식을 획득하여 가는 것이다.

2) 영상적 표상

비교적 구체적인 영상image으로 환경 또는 지식을 지각하고 표현하는 것이다.

3) 상징적 표상

대상이나 경험을 단순히 영상화하는 데서 벗어나서 언어와 같은 가장 효율적인 상징적 체계가 이용되어 사고 속에서 무한한 조작이 가능한 수준을 의미한다. 행동적 표상에서 상징적 표상으로 발달하게 되고 상징적 표상으로 갈수록 추상성이 높아진다. 유아기에는 행동적 표상이나 영상적 표상을 통해 구체적인 학습을 경험하게 하는 것이 효과적이다.

Teaching Materials & Methods for Childern

CHAPTER 4

교재 · 교구의 제작

1. 교재·교구의 선정 | 2. 교재·교구의 제작
3. 교재·교구의 제작과정 | 4. 교재·교구의 배치

CHAPTER 4

영유아교육에서 효율적인 교재 · 교구의 선택과 제작은 교육의 효과를 극대화시킬 수 있는 중요한 요소이다. 이 장에서는 교재 · 교구의 선정과 제작과정에서 고려해야 할 사항 등을 비롯해 체계적인 제작과정을 자세하게 살펴보고 영유아교육기관에서 이루어지고 있는 영역별 배치방법에 대해 살펴보고자 한다.

1. 교재 · 교구의 선정

유아교육기관에서 영유아들의 교육의 효과를 높이기 위해 질 높은 교재 · 교구를 선택하는 것은 중요한 변인 중의 하나이다. 교재 · 교구가 영유아의 발달특성에 맞추어 적절하게 제공되었을 때 영유아는 각 영역별 활동에서 최대한의 교육적 효과를 거둘 수 있고 즐겁게 활동할 수 있다. 그러기 위해서는 교사는 영유아를 잘 관찰하여 유아들의 흥미를 끌게 하는 교구는 무엇인지, 유아 개개인의 요구는 무엇인지를 알고 그에 맞는 교재 · 교구를 제시할 때 교육적 효과를 높일 수 있다. 영유아를 위한 교재 · 교구의 선정 시 일반적으로 고려해야 할 사항은 다음과 같다(서예석 · 송경섭 · 오용환, 2006).

- 교재 · 교구는 유아교육기관의 교육목표에 부합되고, 교육내용에 적합하여야 한다.
- 교재 · 교구는 유아의 흥미와 발달수준에 적절해야 한다.
- 교재 · 교구는 견고하고 내구성이 있어야 한다.
- 교재 · 교구는 안전하고 위생적이어야 한다. 안전한 교재 · 교구를 선정하여야 교재 · 교구를 활용할 때 안전사고를 예방할 수 있다.
- 교재 · 교구는 교육적 효과가 높아야 한다.
- 교재 · 교구는 유아의 흥미와 호기심을 자극할 수 있도록 창의적이어야 한다.
- 교재 · 교구는 보관과 관리가 쉬워야 한다.
- 교재 · 교구는 제작 경비가 저렴하고 경제적이어야 한다.
- 교재 · 교구는 유아가 스스로 조작하고 이동할 수 있도록 크기와 무게가 적절해야 한다.
- 교재 · 교구는 유아에게 매력적이어야 한다. 색깔 · 크기 · 모양 · 촉감 · 냄새 · 소리 등에서 유아의 시선을 끌 수 있어야 한다.
- 교재 · 교구는 친밀감을 줄 수 있어야 한다. 각 교재 · 교구만의 독자적인 특성이 있어서 유아의 호기심을 유발시킬 수 있어야 한다.
- 교재 · 교구는 정해진 방법이 아니라, 다양한 놀이로 활용될 수 있도록 난이도가 조절될 수 있어야 한다.

- 교재 · 교구는 질적으로 우수해야 한다.
- 교재 · 교구는 유아의 심리상태, 즉 사물에 대한 개념 또는 아이디어의 이해와 기억, 기술의 습득 등이 용이해야 한다.

미국의 보육교사들은 어린이에게 제공되는 놀잇감을 선택하는 기준을 발표하고 있다. 1년 중 가장 선물을 많이 구입하는 시기인 연말에 이런 기준을 발표하는 모임은 TRUCETeachers Resisting Unhealthy Children's Entertainment라는 이름의 모임이다. 이 모임은 아동에게 제공되는 놀잇감이 아동놀이의 질적 수준을 결정한다는 전제하에 아동이 지니고 있는 능력과 자질, 본성을 그대로 발전시켜 나갈 수 있는 놀잇감을 제공하는 것이 아동발달에 긍정적인 효과를 끼친다는 것을 알리기 위한 모임이다. 이들이 이야기하는 놀잇감 선택 기준은 다음과 같다(홍미영, 2004).

1) 양질의 놀잇감 선택 기준

(1) 긍정적인 놀이를 증진시키는 놀잇감의 특징

영유아들의 긍정적인 놀이를 증진시킬 수 있는 놀잇감의 특징을 소개하면 다음과 같다.

- 놀잇감이 오직 한 가지 방법으로 사용될 수 있는 것이 아니라 다양한 방법으로 사용될 수 있는 놀잇감
- 아동이 놀이하는 방법을 결정할 수 있도록 하는 놀잇감
- 아동의 발달단계 중 여러 단계의 아동에게 흥미를 유발할 수 있는 놀잇감
- 비디오 게임이나, TV 프로그램 또는 영화와 연계되어 있지 않은 놀잇감
- 더욱 복잡한 놀이를 위하여 다른 놀잇감과 연합하여 함께 놀이할 수 있는 놀잇감
- 아동이 새로운 흥미나 기술을 습득한 후에도 계속 놀이할 수 있는 놀잇감
- 다른 아동과 함께 놀이할 때, 상대방을 존중할 수 있고, 폭력적이지 않으며, 전형적인 역할을 강조하지 않는non-stereotyped 놀잇감
- 앞으로 아동이 습득할 기술이나 학습을 돕는 놀잇감

(2) 긍정적인 놀이를 증진시키는 기본적인 놀잇감

- 블록 놀잇감
- 동물이나 곤충 모형
- 자동차, 트럭, 배, 비행기, 기차 모형
- 자연물조개껍질, 나뭇잎, 도토리 등
- 손전등
- 인형
- 찰흙
- 기초 미술자료
- 소꿉 놀잇감dress-up clothes, 그릇 등
- 콩 주머니
- 공
- 퍼즐

(3) 극화놀이를 증진시키는 놀잇감

아동은 극화놀이를 통하여 자신의 경험에 대한 구체적인 생각을 형성하게 되고, 새로운 기술을 습득하며, 완전히 익힐 수 있게 된다.

- 블록
- 작은 자동차, 비행기, 기차 등
- dress-up clothes조끼, 모자, 넓은 천 조각 등
- 플라스틱 인형, 또는 천 인형사람, 동물 등
- 우리 실제 생활을 창출할 수 있는 극화놀이자료우체국, 식당, 가게 등
- 인형의 집이나 성과 같이 작은 세계를 만들 수 있는 놀잇감

(4) 조작놀이를 증진시키는 놀잇감

아동은 조작놀이를 통하여 소근육이 발달되고, 눈과 손의 협응을 발달시킨다. 수학과 과학적 개념을 이해하는 데 기본이 되는 물체 간의 관계를 배울 수 있다.

• 서로 내적으로 연결되어 구조물을 이루는 놀잇감레고 등
• 퍼즐
• 미니 모형물

(5) 창조적인 예술을 증진시키는 놀잇감

아동은 창조적인 예술을 통하여 자신을 표현할 수 있게 되고, 기호symbol를 사용할 수 있게 되며, 문제해결과 문자 식별에 기본적인 기술을 배우게 된다. 또한 소근육을 발달시킨다.

• 핑거 페인트finger Paint
• 물감
• 다양한 크기와 다양한 색의 종이
• 크레용과 사인펜
• 안전 가위
• 풀
• 재활용 자료잡지나 신문지 등
• 스탬프
• 찰흙
• 실 엮기 놀잇감weaving kits

(6) 신체놀이를 증진시키는 놀잇감

아동은 신체놀이를 통하여 자기의 신체에 대하여 인식하게 되고, 에너지를 발산할 수 있게 된다. 또한 사회적인 상호작용을 할 수 있는 기회가 된다.

• 자전거나 스쿠터와 같이 바퀴 달린 놀잇감
• 공과 배트
• 줄넘기
• 큰 색분필
• 오르는 구조물climbing structure

• 터널

(7) 게임을 증진시키는 놀잇감

아동은 게임을 통하여 순서 지키는 것을 배울 수 있게 되고, 전략을 계획하며 규칙을 지키고 협력하는 방법을 배우게 된다.

- 보드 게임체커, 체스 등
- 카드 게임

2) 제공되어서는 안 되는 놀잇감의 선별 기준

(1) 부정적인 놀이를 유도하는 놀잇감의 특징

- 단 한 가지의 방법으로만 놀이할 수밖에 없는 놀잇감
- 모든 아동이 놀잇감 디자이너가 계획한 한 가지 방법으로만 놀이하게 하는 놀잇감
- 한 연령의 아동 또는 한 발달단계에서만 흥미를 유발시키는 놀잇감
- 짧은 기간 놀이하고는 더 이상 아동의 흥미를 유발시키지 못하는 놀잇감
- TV나 영화에서 본 것대로 놀이하도록 하여서 아동의 상상력을 자극하지 못하는 놀잇감
- 아동의 탐색활동을 자극하지 못하는 고도의 과학기술high-tech로 이루어진 놀잇감
- 아동의 폭력적인 행동을 유발시키는 놀잇감
- 정형화된 역할만을 강조하는 놀잇감

(2) 폭력적인 행동을 유발시키는 놀잇감

보통 TV나 영화, 또는 비디오 게임과 연계된 놀잇감으로 이러한 놀잇감은 폭력이라는 것이 신나고 즐거운 것으로 오해하도록 만든다.

예 닌자 거북이 놀잇감

(3) 성인들을 위한 TV 쇼 프로그램이나 영화, 비디오 게임과 연관된 놀잇감

이런 놀잇감은 아동을 무섭게 하거나 혼란스럽게 만든다. 어른을 위한 영화나 비디오는 어른에게만 재미있다는 것을 아이들과 함께 이야기하는 것이 바람직하다.

예 로드 오브 링 플레이 세트lord of ring play set, 터미네이터 머신 피겨terminator machines figure

(4) 건강하지 못한 식생활과 연관된 놀잇감

고당high-sugar 음식이나 고지방high-fat 음식과 같이 바람직하지 못한 음식과 연관된 놀이를 하는 경우 아동의 식습관에 바람직하지 못한 영향을 미치게 된다.

예 맥도날드 디럭스 밀타임 서버 세트McDonald's deluxe mealtime server set with apron and headphones

(5) 정형화된 성역할을 강조하는 놀잇감

여아를 위한 놀잇감, 남아를 위한 놀잇감으로 규정되어 있는 놀잇감은 아동의 성역할 발달에 부정적인 영향을 준다. 또한 극도로 여성적인, 또는 남성적인 외모를 강조하는 놀잇감도 긍정적이지 못하다.

예 과자 만드는 놀잇감여아용

(6) 영아를 위한 전자 놀잇감

영아들은 사람이나 물체와 상호작용함으로써 가장 효과적으로 발달하게 된다. 또한 자신이 일정한 행위를 했을 때, 주변 환경에 영향을 주게 된다는 것을 경험함으로써 발달하게 된다. 그러나 전자 놀잇감의 경우는 영아의 놀이를 통제하고 제한하여 영아 스스로 자신의 놀이방법을 탐색할 수 있는 기회를 제공하지 않는다.

예 Leap Frog Learning Drum Toby the Totbot

(7) 쇼핑이 놀이의 중심 주제가 되어 있는 놀잇감

이런 놀잇감은 돈을 쓰고 쇼핑하는 것이 즐거움과 만족의 근원이라는 잘못된 개념을 아동에게 심어주게 된다.

예 바비의 My Scene Shopping Spree Game

(8) 놀잇감이 결합된 아동 도서

이런 책들은 아동의 일반적인 다른 책들을 재미없고 따분하게 느끼도록 만든다. 그러므로 아동의 읽기 능력을 발달시키는 데 저해요소로 작용하게 된다.

예 스파이더맨 216개의 단추를 누르면 서로 다른 음향이 나오는 책자

2. 교재 · 교구의 제작

유아교육기관에서 유아교사가 교재 · 교구를 제작하기 위해서는 사전에 철저한 계획과 충분한 검토, 적절한 제작 절차가 요구된다. 다음은 교사가 교재 · 교구를 제작힐 때 고려해야 할 점이다.

(1) 영유아의 발달수준에 적합해야 한다

교재 · 교구는 영유아의 발달수준에 맞아야 한다. 아무리 훌륭한 교재 · 교구라 할지라도 영유아의 발달에 비추어 너무 쉽거나 어려우면 유아의 도전의식을 자극하지 못하므로 유아가 선택하지 않는다. 따라서 어느 정도의 노력에 의해 성공감을 맛볼 수 있는 수준으로 제작되어야 한다. 영유아의 일반적 발달특성과 흥미, 좋아하는 색깔, 형태 등을 고려해야 한다.

(2) 매력적이어야 한다

교재 · 교구는 색상 · 모양 · 크기 · 질감 등 미적인 측면에 주의를 기울여 제작하여 영유아의 흥미를 끌 수 있도록 한다.

(3) 영유아의 흥미에 맞는 제시방법과 활용방법을 생각해야 한다

교재 · 교구가 발달수준에 적합하더라도 영유아가 흥미를 가질 수 없다면 교재 ·

교구로서의 역할을 제대로 하지 못하는 것이다. 영유아들이 흥미 있어 하고 쉽게 다가갈 수 있도록 제시방법과 활용방법을 미리 고안해 놓는다.

(4) 유아가 사용하기에 적당한 크기로 제작하여야 한다

교재 · 교구는 영유아가 다루기에 적당한 크기여야 한다. 영유아는 아직 근육 조절능력이 완전하지 않기 때문에 유아들이 쉽게 잡을 수 있는 크기가 적당하고, 너무 큰 교재는 분리가 가능하거나 접을 수 있도록 제작한다. 또한 평면자료는 너무 납작하지 않은 것이 좋다.

(5) 견고하게 제작되어야 한다

직접 제작하는 교재 · 교구는 상품화된 교재보다 견고성이 떨어지기 때문에 여러 유아가 오랫동안 조작하여도 파손되지 않도록 주의를 기울여 제작해야 한다. 이음새나 부속물이 떨어지지 않도록 단단히 부착하여 파손되지 않도록 교재를 만드는 비용과 시간을 절약하도록 한다.

(6) 안전하게 제작되어야 한다

영유아가 손으로 만지거나 입에 넣어도 무방한 독성이 없는 재질로 만들어야 하며, 아크릴을 사용하거나 코팅을 할 경우에 모서리를 감싸서 날카롭지 않게 마무리 작업을 할 필요가 있다.

(7) 여러 가지 소재를 사용하고 다양한 방법으로 제작되어야 한다

동일한 소재, 또는 흔한 소재를 사용하여 제작할 경우 영유아가 지루해지기 쉽다. 참신한 재료와 다양한 교재를 사용하고 제작방법에 변화를 줌으로써 영유아들의 흥미와 호기심을 자극한다.

(8) 우리 문화에 맞도록 제작되어야 한다

교재 · 교구가 매력적이더라도 우리 문화와 동떨어진 내용이라면 적절하지 못하다. 만약 외국의 것을 참고로 하여 제작한다면 우리의 문화를 고려하여 제작하도록 한다.

(9) 보관이 쉬워야 한다

교재 · 교구는 사용하고 난 후에 보관이 쉬워야 한다. 교재 · 교구를 입체적으로 만든다고 해도 조립식으로 만들고, 부속품들을 잃어버리지 않도록 보관함을 만든다. 교구장에 들어갈 수 있는 높이와 넓이로 만들고, 꼭 크게 만들어야 할 경우에는 접었다 폈다 할 수 있게 만든다.

(10) 최소의 노력과 경비로 최대의 효과를 낼 수 있어야 한다

교재 · 교구를 만드는 경비를 최대한으로 줄이는 방법들을 생각해야 한다. 제작 경비를 줄이는 다양한 방법은 지역사회의 자료들을 활용하는 방법, 폐품을 활용하는 방법, 자연물을 활용하는 방법 등을 고려할 수 있다.

3. 교재 · 교구의 제작과정

1) 교재 · 교구의 제작계획

좋은 교재 · 교구를 제작하고 사용하기 위해서는 무엇보다 사전 점검과 철저한 계획을 통해 최소한의 비용과 노력으로 최대의 효과를 거둘 수 있도록 해야 한다. 계획을 잘 세워 교재 · 교구를 제작한다면 제작과정의 효율성이 높아지고 재료의 경제적인 사용이 가능하며, 교재 · 교구 제작에 대한 자신감도 높아질 수 있다(김은심 외, 2016). 그러기 위해서는 분명한 목적이 있어야 하며, 영유아발달과 흥미를 고려하여야 하고, 교재 · 교구가 전달하고자 하는 내용, 활용 목적 등을 잘 고려하여 계획하여야 한다. 교재 · 교구의 제작계획서를 작성하여 필요한 재료와 제작방법을 상세히 기록해 놓으면 이후의 다른 교사가 보고 활용하는 데 유용한 자료가 된다. 교재 · 교구를 제작하기 위한 계획을 할 때에는 준비단계, 선정단계, 제작단계, 활용단계로 나누어 계획할 수 있다.

(1) 준비단계

준비단계에서는 교재 · 교구 제작을 위한 사전 조사가 이루어져야 한다. 영유아의 발달에 대한 특성을 이해하고 있어야 하며, 영유아의 흥미가 무엇인지에 대한 파악을 하여야 한다. 전개되는 주제에서 활동목표와 활동내용을 정하고 그 내용의 효과적인 교수방법을 정해야 한다. 관련 교재 · 교구들을 살펴봄으로써 교재 · 교구에 대한 관심과 이해가 높아질 수 있도록 해야 한다.

(2) 교재 · 교구의 선정단계

준비단계의 내용을 고려하여 교재 · 교구를 선정한다. 교재 · 교구를 선정할 때에는 기존의 교재 · 교구 중 보완하여 사용할 수 있는 것은 없는지 점검해보고 활동 유형에 맞게 교재 · 교구를 선정하여야 한다. 선정단계에서 어떤 교재 · 교구를 제작할 것인지 결정하고 필요한 교재 · 교구를 결정한다. 기존 교구의 활용 여부, 제작 비용, 사용시간, 재료, 적절성, 크기, 견고성, 안전성, 심미감 등을 고려하여야 한다.

(3) 직접 제작하는 단계

제작계획서를 토대로 하여 재료를 사전에 준비한다. 주변에서 구할 수 있는 재료 등을 적절히 활용하고 구입이 필요한 경우 필요한 양을 파악하여 재료를 구입한다. 준비된 자료를 활용하여 교재 · 교구를 제작하며, 제작방법을 꼼꼼히 점검하고 제작 방법을 잘 이해하여 효과적인 제작이 될 수 있도록 한다.

교사가 계획한 활동을 위한 교재 · 교구를 결정한 후 새로 제작하여야 할 교재 · 교구를 제작하기에 앞서 계획하는 단계에서 고려해야 할 사항은 다음과 같다.

- 무엇을 : 교재 · 교구의 제목과 더불어 활동의 주제, 제시하는 시기계절, 학기 초/중/말, 대상 연령, 활동의 유형, 수준, 영역, 활동시간 등의 교재 · 교구의 내용을 의미한다.
- 왜 : 교재 · 교구가 필요한 이유, 활동의 목표, 기대되는 결과, 부수적인 효과 등을 의미한다.
- 누가 : 제작 주체를 말하는 것으로 교사 개인이 될 수도 있고, 동료교사와 함께 제

작할 수도 있으며, 유아와 함께 제작하거나 부모와 함께 제작하는 경우도 있다.

- 언제 : 제작 시기로서 대부분 활동하기 전이나 필요에 따라서는 바로 전날 또는 활동시간 중이 될 수도 있다.
- 어떻게 : 제작방법의 문제로서 교재 · 교구의 형태 · 크기 · 재질, 필요한 재료, 재료의 구입방법, 소모되는 경비 등을 의미한다.

2) 교재 · 교구의 제작과정

교재 · 교구 제작에 대한 계획을 어떻게 해야 하는가는 무척 중요하다. 만약 미흡한 사전계획으로 교재 · 교구를 제작한다면 교사의 인력 낭비이며 재료 낭비일 것이다. 교재 · 교구 제작을 계획할 때 고려할 사항을 살펴보면 다음과 같다.

(1) 먼저 이미 있는 필요한 교재 · 교구를 찾아본다

월간교육계획안, 주간교육계획안에 입각하여 진행될 주제에 따라 필요한 교재 · 교구들이 있는지 점검해 보는 것이 우선적으로 이루어져야 한다.

(2) 교재 · 교구 목록을 통해 보유 여부를 확인한다

기존의 교구들이 연령에는 맞는지, 수정 · 보완을 해야 하는지, 새로 만들어져야 하는지, 각 영역별 · 활동별로 교재 · 교구가 제대로 배치되어 있는지, 자료가 매력적인지를 꼼꼼히 살펴보고 보수와 개작을 결정한다.

(3) 구체적인 제작계획을 세운다

심사숙고하여 우선적으로 제작해야 할 순서와 제작할 사람을 결정하여, 최대의 교육 효과를 높일 수 있는 방법을 고려하여 계획을 세운다.

(4) 실제 제작에 착수한다

어떠한 재질의 재료와 방법을 활용하는 것이 효과적인지 생각해보고 적절한 재료를 사용하도록 한다.

(5) 실제 활용을 해봄으로써 보완점을 찾고 수정 작업 후 완성한다

제작된 교재 · 교구는 실제 모의수업을 통해 활용해 보고 문제점을 파악하여 보완한 후 완성한다.

4. 교재 · 교구의 배치

1) 교재 · 교구 배치 시 유의점

같은 교재 · 교구를 교실 안의 어떤 위치에 어떻게 배치하느냐에 따라 유아들의 반응은 다르게 나타난다. 즉, 유아들의 눈높이에서 어떤 교재 · 교구가 제시되어 있는지 한눈에 볼 수 있어야 하며, 흥미영역별로 배치하여 유아들이 자신의 흥미와 요구에 따라 다양한 활동에 골고루 참여할 수 있도록 한다. 교재 · 교구의 배치 형태는 유아들의 활동 형태와 지속시간에 영향을 주어 유아들의 흥미를 유지시킨다.

교재 · 교구는 유아의 흥미와 관심, 요구, 주제, 교육내용, 견학, 행사, 계절에 따라 변화를 주어 배치하여야 한다. 하지만 많은 자료들을 한꺼번에 내어놓거나 배치해둔 위치를 자주 바꾸는 등의 너무 많은 변화는 유아들에게 불안감을 형성하기 때문에 주의를 요한다. 교재 · 교구를 배치할 때 유의할 점은 다음과 같다(김정규 외, 2002 ; Decker & Decker, 1976 ; 이대균 · 송정원, 2002 재인용).

- 교육 목적을 반영하여 조화롭게 정돈된 배열과 배치를 한다.
- 연관성이 있는 교재 · 교구는 인접 배치하여 통합된 활동 또는 상호 보완적인 활동이 되도록 한다.
- 유아의 시야에 쉽게 들어와야 하며 활용하기 쉬워서 활동 의욕을 불러일으킬 수 있도록 배치한다.
- 용도에 맞는 다양한 형태의 교구장을 준비하고, 정리하기 쉽도록 교구의 영역별 제자리를 표시한다.
- 작은 구성물이 있는 자료는 바구니를 활용하여 분실하지 않으며, 정리하기 쉽도록 한다.

- 친숙한 것의 편안함과 새로운 것의 신기함, 도전의식을 균형 있게 경험할 수 있도록 배치한다. 특히, 학기가 진행됨에 따라 유아에게 익숙한 것에서부터 낯선 것으로, 구체적인 실물에서 추상적인 것, 개인용 자료에서 집단으로 이용할 수 있는 자료를 배치한다.
- 색과 재질의 조화를 고려해서 배치한다. 즉, 원색과 중간색, 밝은색과 어두운색, 부드러움과 딱딱함, 매끈함과 거침, 따뜻함과 차가움 등 다양한 색과 재질을 균형 있게 경험해 봄으로써 감각의 발달을 도울 수 있도록 배치한다.
- 교재 · 교구의 이동성과 고정성을 고려하여 배치하고, 이동하기 어려운 것은 교구장에 고정하며 파손되기 쉬운 것은 안전한 장소에 배치한다.
- 구조성이 높은 것과 낮은 것, 쉬운 것과 어려운 것, 단순한 것과 복잡한 것, 동적 활동과 정적 활동, 대근육활동과 소근육활동, 실내활동과 실외활동, 유아 주도 활동과 교사 주도 활동, 혼자 하는 것과 여럿이 하는 것 등 교재 · 교구 간의 여러 가지 유형의 상호작용이 균형 있게 이루어질 수 있도록 배치한다.
- 교실 내 유아의 수, 연령, 활동공간, 활동목적, 교수방법 등을 고려하여 교재 · 교구의 양과 종류를 정하여 배치한다. 자료가 부족하거나 활동공간이 비좁을 때 유아의 공격적인 행동이 일어나기 쉬우며, 싸움이 발생할 수 있는 교재 · 교구는 학급의 상황에 따라 가감한다.

2) 유아교육기관 자유선택영역별 교재 · 교구의 배치

교사는 유아들의 관심과 요구, 필요, 교육 주제에 따라 새로운 자료를 첨가하며, 변화를 주어야 한다. 다음은 리딕크Riddick(1982)의 기준에 의한 분류로서 유아교육기관의 자유선택영역에 기본적으로 배치되는 교재 · 교구이다.

(1) 조작놀이영역

① 교육 기능

- 손과 눈의 협응력
- 소근육운동 조절

• 형태와 색의 변별

② 교재 · 교구

그림 퍼즐, 입체 퍼즐, 맞춤 블록lego, 색깔 블록, 모양 찾아 넣기, 레고 블록, 코코 블록, 다목적 블록, 꽃 블록, 만능 블록, 노벨 블록, 오색 만능 띠 모자이크 블록, 에디슨 블록, 지퍼 올리기, 단추 끼우기, 끈 꿰기, 벨트 매기, 끈 매기, 열쇠 · 자물쇠 맞추기, 볼트 · 너트 맞추기, 곡식 옮겨 담기, 구슬 꿰기, 바느질하기 등

③ 평가 기준

• 종류별 색깔이 선명하여 유아가 쉽게 구별할 수 있는 것
• 전체와 부분의 개념 형성에 도움을 줄 수 있는 것
• 조각 부품들이 정교하게 된 것
• 손 · 팔 · 눈 · 목 · 손가락의 협응을 도울 수 있는 것
• 형태와 색채가 통일성 있고 멋있게 디자인된 것

(2) 구성놀이영역(목공놀이영역)

① 교육 기능

• 대 · 소근육운동 기능
• 창의적 표현 및 구성 감각
• 감정 표출 및 성취감
• 협동심

② 교재 · 교구

블록벽돌, 모자이크, 나사 끼우기, 토막 쌓기, 모양 맞춤 블록, 각종 공구드릴, 망치, 큰 못, 톱, 대패, 미터자, 접자, 연필, 보안용 안경, 가위, 끈, 못, 압정, 테이프, 가죽, 철사, 종이 집게, 아교풀, 작은 바퀴, 스티로폼 판, 골판지, 단추, 필름 통, 쓰고 난 주사기, 호스, 물 조리개, 스펀지, 병뚜껑 등

③ 평가 기준

• 창의력 표현과 구성에 대한 발달을 도울 수 있는 것

• 여러 형태를 만들 수 있는 것
• 무게 · 크기 · 개수는 적합한가?

(3) 언어놀이영역

① 교육 기능

• 어휘, 문장, 의사소통
• 예절 및 창의적 표현

② 교재 · 교구

이야기 꾸미기 자료와 융판, 이야기 꾸미기 그림 조각, 여러 가지 손 인형, 막대 인형, 그림판과 자석 인형, 인형극 틀, 그림으로 읽는 동화, 녹음기, 공테이프, 마이크, 동화, 만져서 알 수 있는 커다란 글자나무, 모래종이, 모루, 플라스틱, 하드보드지 글자, 동물 · 채소 · 과일 · 꽃 그림, 여러 가지 물건과 장소 그림, 친구 이름 카드, 주사위를 이용한 게임용 글자, 낚시 게임, 단계별 그림책, 다양한 책과 책꽂이, 주제에 따른 화보, 잡지류, 사전, 거울, 그림 백과사전, 자연과학 실험 책, 동화책, 잡지, 여러 종류의 가늘고 굵은 연필, 지우개, 매직펜, 크레파스, 컴퓨터와 프린터, 모양 종이, 작은 책, 궁금한 낱말 카드, 글자 바느질, 장판 글씨, 자음 · 모음 카드, 한글 알파벳, 고무 글자판과 스탬프, 잉크, 다양한 색과 크기의 종이, 독서카드 용지, 하드보드지, 모래 글자, 필순 카드, 쓰기 자료 및 게시판, 유아용 소형 칠판과 다양한 색 분필, 융판, 연필깎이, 화이트보드와 마커 등

③ 평가 기준

• 언어의 정확한 이해와 표현에 도움을 줄 수 있는 것
• 생각한 것을 말로 표현하는 데 기초가 되는 것
• 사고능력에 도움이 되는 것
• 적당한 어휘 사용능력이 향상될 수 있는 것
• 현상이나 사물에 그림을 제시할 수 있는 것

(4) 작업영역(창의적 표현활동영역)

① 교육 기능

- 손과 눈의 협응
- 창의적 표현
- 글자의 기초 기능

② 교재 · 교구

크레용, 물감, 분필 점토, 색종이, 풀, 털실, 스펀지, 가위, 연필, 나무토막, 다양한 모양, 색, 질감, 크기, 도화지, 갱지, 모조지, 소포지, 한지, 흑지, 셀로판지, 신문지, 습자지, 골판지, 마닐라지, 색종이, 포장지

③ 평가 기준

- 구성 재료가 정확하고 질이 좋으며 불편은 없는가?
- 색이 선명하며 색감이 좋은가?
- 창의적 표현을 조장할 수 있는가?

(5) 역할놀이영역

① 교육 기능

- 생활 습관 및 협동심
- 의사소통 기능
- 창의적 표현 및 신뢰감
- 사회생활 기초 인식

② 교재 · 교구

인형, 소꿉놀이, 병원놀이, 장난감, 종, 손 인형, 가면, 장난감 차, 역할 놀잇감의사, 건축기사, 간호사, 소방관, 교통 표시판, 교통신호, 유아 크기에 적절한 싱크대, 테이블과 의자, 모형 냉장고, 가스레인지, 믹서, 토스터, 저울, 도마, 플라스틱 칼, 밀대, 모양 틀, 뒤집기, 국자, 수저, 포크, 각종 그릇, 주전자, 쟁반, 프라이팬, 체, 행주, 냄비, 요리책, 옷장, 화장대, 작은 침대, 전화기, 전화번호부, 라디오, 소파, 탁자, 모형 TV

틀, 드라이어, 빗, 가발, 큰 거울, 비와 쓰레받기, 가방류, 먼지떨이, 종이 봉지나 쇼핑백, 옷걸이, 치마, 앞치마와 머릿수건, 양복과 넥타이, 드레스와 면사포, 비옷, 한복, 여러 나라 전통 의상, 우산, 모자, 가방, 액세서리 등

③ 평가 기준

- 모양, 색깔이 유아에게 흥미와 호감을 줄 수 있는가?
- 실물을 모방한 장난감은 기능 · 질감 · 색채가 적당한가?
- 유아가 생각한 것을 표현할 수 있는가?
- 구성 재료는 안전하고 견고한가?

(6) 사고 및 과학놀이영역

① 교육 기능

- 과학적 개념 및 사고
- 협동심과 성취감

② 교재 · 교구

체중계, 저울, 신장기, 자, 온도계, 계량컵, 계량 스푼, 시계, 달력, 날씨 판, 측정 용기, 거울, 확대경, 사식, 손전등, 현미경, 망원경, 쌍안경, 색안경, 깔때기, 크기가 다르고 투명한 플라스틱 병이나 컵, 풍선, 여러 가지 공구와 공구함, 지구본, 각종 헌 기계류, 식물 표본, 곤충 표본, 돌광석, 조개껍데기, 흙, 알, 섬유, 곡류, 씨앗류, 낙엽, 꽃잎 등

③ 평가 기준

- 자연 현상 속에 숨어 있는 원리를 깨닫게 하는 데 도움이 되는가?
- 생활에 간단히 적용하는 데 도움이 되는가?
- 호기심과 탐구심을 조장할 수 있는가?
- 정확하고 정밀하게 구성되어 있는가?
- 활동을 통해 성취감을 느낄 수 있는가?

(7) 수놀이영역

① 교육 기능

- 숫자 및 시간 개념
- 분류 개념
- 응용력

② 교재 · 교구

셈하기 틀, 주사위, 도형 틀, 분수 판, 도미노, 융판과 융판자료, 자석 문자와 수, 자석 판, 숫자카드, 기록 판, 퍼즐, 수세기 못과 판, 다양한 크기와 형태의 블록, 수 블록, 더하기 막대, 놀이용 돈, 색깔 구슬, 수 게임, 돌아갈 수 있는 바퀴, 컴퍼스, 측정 도구, 수판, 다양한 종류의 수집물단추, 동전, 막대, 돌, 마카로니, 콩, 실, 병과 병뚜껑 등, 달력, 온도계, 시계, 신문, 저울, 천칭, 계량스푼, 계량컵, 계산기, 크기 개념 발달을 위한 총계, 지름과 높이가 점차적으로 다른 원기둥, 형태 구성을 위한 헝겊, 벽지, 포장지, 금전 등록기, 그래프 활동 판, 패턴 활동자료 등

③ 평가 기준

- 10 이하의 숫자를 취급하였는가?
- 각 속성의 수준이 5 이상을 넘지 않았는가?
- 속성의 종류는 3가지 이상을 넘지 않았는가?
- 아름다운 디자인으로 유아의 주의를 줄 수 있는가?

(8) 음악활동영역

① 교육 기능

- 청각 기능
- 손과 눈의 협응
- 발음 및 어휘력 신장
- 감상력

② 교재 · 교구

탬버린, 캐스터네츠, 트라이앵글, 심벌즈, 큰북, 작은북, 리듬 막대, 방울, 나무토막 치기, 마라카스, 목금, 철금, 티파니, 장구, 소고, 꽹과리, 징, 우르 블록, 오르간, 피아노, 하프, 아코디언, 멜로디언, 하모니카, 피리, 실로폰, 핸드벨, 카세트, 녹음된 테이프, 빈 테이프, 헤드폰, 마이크, 확성기, 우리나라 고전 악기를 찍은 사진이나 그림, 연관된 책, 노랫말 모음, 색깔로 표시된 악보, 리본 테이프, 스카프, 줄 등

③ 평가 기준

- 적당한 음정을 가진 악기인가?
- 안전성을 가지고 있는가?
- 감상용 테이프가 유아수준에 맞는가?

(9) 활동놀이영역

① 교육 기능

- 대근육운동 기능
- 감정 표출
- 의사소통 기술

② 교재 · 교구

미끄럼틀용 나무판, 그네, 미끄럼틀, 낮은 철봉, 정글짐, 망 오름대, 링 터널, 드럼통 터널, 놀이집, 시소, 구름사다리, 흔들 사다리, 통나무 징검다리, 타이어 오름대, 농구대, 점핑 바운더, 개방된 공간, 잔디밭, 흔들 목마, 자전거, 시소, 줄넘기, 훌라후프, 여러 종류의 공, 골대, 줄다리기용 로프, 평균대, 뜀틀, 매트, 던지기용 고리, 수레, 놀이용 골프채, 배드민턴 라켓, 헌 타이어 등

③ 평가 기준

- 신체발달을 조장할 수 있는가?
- 유아가 흥미를 가지고 접할 수 있는가?
- 위험성이 없이 안전한가?
- 인체 지수를 포괄적으로 고려했나?

Teaching Materials & Methods for Childern

CHAPTER 5

교재 · 교구의 활용

1. 교재 · 교구 활용 시 유의점 | 2. 교재 · 교구의 보관
3. 교재 · 교구와 교수-학습방법 | 4. 교재 · 교구의 평가

CHAPTER 5

교재 · 교구의 제작뿐만 아니라 활용은 제작자 혹은 교사가 의도한 학습목표의 달성과 깊은 관련이 있다. 또한 교재 · 교구를 활용한 방법에 대해 다양한 방법으로 피드백이 제공된다면 만족스러운 교육적 효과를 기대할 수 있다. 이 장에서는 교재 · 교구를 활용하기 위한 일반적인 유의점과 교사의 역할, 체계적으로 보관하고 관리하기 위한 보관방법을 소개하고 교재 · 교구와 연관된 다양한 교수–학습방법과 평가방법에 대해 살펴보고자 한다.

1. 교재 · 교구 활용 시 유의점

제작한 교재 · 교구를 유아들에게 제시하는 과정은 교재를 선정하는 것만큼 중요하다. 왜냐하면 교사의 교재 · 교구 제시방법이 의도한 교육목표의 달성 여부와 깊은 관련이 있기 때문이다. 즉, 유아들의 흥미를 이끌어 내고 계속적으로 유지할 수 있는 방법으로 교재 · 교구를 제시하고 교재를 사용하는 과정 중에 유아와 교재 · 교구 간에 바람직한 상호작용을 이끌어 낸다. 또한 교재 · 교구를 활용한 결과에 대하여 다양한 방법으로 피드백이 제공된다면 교재 · 교구가 지니고 있는 교육적 의도보다 더 큰 교육적 효과를 기대할 수 있다.

교사는 유아들이 교재 · 교구를 자율적으로 선택하는지, 유아들 상호 간에 협력적으로 사용하는지, 관리와 보존의 필요성이 있는지는 반드시 살펴보아야 한다. 교사는 교재 · 교구의 활용을 항상 관찰하는 관찰자이고 적절한 교재 · 교구의 제공 시기를 알고 제공하는 제공자이며, 교재 · 교구 활용의 결과를 평가하는 평가자로서의 역할을 담당할 필요가 있다.

교사는 교재 · 교구의 특성과 대상 유아의 발달적 특성에 따라 순발력 있고 융통성 있는 역할을 수행할 필요가 있다. 데이Day가 제시한 교사의 역할은 다음과 같다.

- 관찰observation : 유아의 교재 · 교구 선정과 활용과정을 관찰하고 교재의 활용도와 배열상태, 관리상태를 점검하며 활용을 원활히 하기 위해 교재 · 교구를 재배치하고 활용방안을 모색한다.
- 조력support : 유아가 교재 · 교구를 이동하고 사용하며 정리하는 데 도움을 준다.
- 참여participation : 유아들과 함께 교재 · 교구를 활용하고 그 결과와 즐거움을 함께 나눈다.
- 시범demonstration : 유아들에게 교재 · 교구의 활용방법을 시범 보이고 과제를 수행하는 과정과 태도를 보여 준다.

유아교육기관은 유아들의 작품, 개인 물건, 비품, 그 외의 여러 가지 실물들로 가득하다. 하지만 교재 · 교구가 너무 많아 무질서하다면 교육의 효과는 감소할 것이다. 유아들이 활동하는 공간은 흥미진진한 적절한 종류의 교재 · 교구로 채워져 있어서 유아들이 즐겁고 흥미롭게 놀이를 할 수 있도록 세심한 계획하에 구성되어야 한다.

유아 교실의 교재 · 교구는 기능적으로 적절하며, 동시에 심미적으로 전시 · 배열되고 유지되어야 한다. 교재 · 교구의 배열 시 고려해야 할 점에 대해 데커(Decker, 1976)는 다음과 같이 제시하였다.

- 매일 사용하는 교재 · 교구는 항상 배열해 두어야 한다.
- 유아가 이동시키기 힘든 교재 · 교구는 낮은 책상이나 선반에 고정시켜 놓고 사용할 수 있도록 한다.
- 교재 · 교구장이나 선반은 충분한 공간을 가지고 있으며 다양한 형태여야 하며, 특별한 용도로 활용될 수 있는 것이면 좋다.
- 교재 · 교구는 흥미영역별로 구분하여 배열한다.
- 교구장에 교재 · 교구를 놓는 자리를 표시함으로써 유아가 사용하고 정리하기 편리하도록 한다.
- 시청각 기자재나 과학 기기 중 파손되기 쉬운 교구는 이동하지 않고 안전한 장소에 배치해 두어야 한다.

교재 · 교구의 다양성이나 질 못지않게 매우 중요한 요인은 유아들이 교재 · 교구를 얼마나 쉽게 꺼내어 활용할 수 있는가이다. 아무리 좋은 교재라도 한눈에 보이지 않는다면 유아들의 활동 빈도수가 낮아지게 되고, 무질서하게 늘어놓는 것 또는 유아의 활동과 교수활동을 방해하는 요인이 되기 때문에 배열할 때 주의를 기울일 필요가 있다. 교재 · 교구를 배치하는 데 있어 고려해야 할 점은 다음과 같다.

- 개방된 선반 : 유아들이 사용할 교재 · 교구는 문 또는 서랍이 있는 장에 배치하지 않고 유아들이 한눈에 보고 선택할 수 있도록 개방된 장에 배치해야 한다. 시각적으로 보이지 않거나 꺼내고 집어넣기 어려운 교재는 활용 빈도가 매우 낮다.
- 낮은 선반 : 유아의 눈높이에 알맞은 선반에 교재 · 교구를 배치하는 것은 유아가 스스로 꺼내거나 정리하는 것을 용이하게 하며, 교사의 불필요한 업무를 줄여주기 때문에 효율적으로 시간을 활용할 수 있게 도와준다.
- 정돈된 배열 : 교재 · 교구를 기능적으로 활용할 수 있도록 하기 위해서는 각

교재 · 교구가 차지하는 공간을 확보해 놓아야 한다. 또한 교재 · 교구를 수준별 · 내용별 · 활동영역별로 체계적으로 배치하는 것은 유아가 교재 · 교구를 바람직하게 활용하고 정리 · 정돈할 수 있게 유도하는 역할을 한다. 특히, 유아가 사용하기 전의 교재 · 교구의 배열상태는 사용 후 정리 · 정돈의 모델이 된다.

- 교육 목적의 반영 : 의도한 교육 목적과 교육 프로그램, 교재 · 교구 자체가 지닌 기대되는 결과에 따라 배열 형태 및 공간적 배치를 달리해야 한다. 또한 다른 교재 · 교구와의 상호 보완 관계를 고려하여 배치하도록 한다.
- 매력적인 공간 : 교재 · 교구를 배열하는 공간은 유아들이 교재 · 교구를 활용하고 싶어 하도록 깨끗하고 아름답게 구성되어야 하며, 창의적이고 독창적으로 구성하여 유아의 흥미를 유지하도록 한다.

2. 교재 · 교구의 보관

유아교육기관에서 교재 · 교구를 합리적으로 보관하는 일은 매우 중요하다. 왜냐하면 조등학교보다 교수–학습활동에 교재 · 교구를 활용하는 양과 빈도수가 많으며, 유아에게 의미 있는 교육활동을 제공해 주기 때문이다. 따라서 언제, 어디서, 어떤 교재 · 교구가 필요하게 될지 예상하고 적재적소에 활용할 수 있는 융통성이 요구된다. 다시 말하면, 다양한 종류의 교재 · 교구를 갖추고 있는 것도 중요하지만 즉시 꺼내어 활용할 수 있도록 체계적으로 보관하고 관리되어야 활용 가능성이 높다고 할 수 있다.

1) 교재 · 교구 보관 시 고려해야 할 점

교재 · 교구 보관 시 고려해야 할 사항은 다음과 같다(김정원 · 김유정 · 박현미, 2005).

(1) 교재 · 교구를 보관할 독립된 자료실을 따로 마련한다

햇빛이 많이 들지 않고 서늘하며 통풍이 잘 되는 곳에 마련하는 것이 좋으나 조건이 여의치 않다면 교사실이나 복도의 구석을 활용하여 교재 · 교구를 주제별 · 유형별로 분리 보관할 수 있는 공간을 마련한다. 해충의 피해를 예방하기 위하여 방충제를 놓고, 장마철에는 습기로 인한 손상을 예방하기 위하여 방습제를 사용한다.

(2) 교재 · 교구를 정리하여 보관할 수 있는 다양한 교구장을 비치한다

교재 · 교구가 손상되지 않고, 쉽게 찾고 꺼내어 사용하기 편리하게 보관하기 위해서는 다양한 형태로 구분된 교구장이 필요하다. 대개 목재장이나 조립식 앵글을 사용하는 편이다. 교재 · 교구를 세우거나 눕히거나 교재 · 교구 본연의 특성을 유지하면서 보관할 수 있는 공간적 여유가 충분하며, 상자나 바구니 등을 활용하여 교재 · 교구 각각의 구성물들을 분실하지 않도록 보관한다. 한눈에 볼 수 있고 쉽게 찾을 수 있도록 교재 · 교구장, 보관 바구니에는 분류 레이블과 분류 카드를 부착한다. 크기가 큰 것은 비닐이나 천으로 싸서 먼지로부터 보호하고 선반에 보관한다.

(3) 파손된 교재 · 교구는 보수하여 보관한다

활용이 끝난 교재 · 교구는 손상되거나 분실한 조각들을 재정비하여 상자, 바구니, 지퍼락, 부직포나 천으로 만든 보관용 가방 등에 넣어 정리해 둔다. 교재 · 교구의 제작 및 활용 설명서를 함께 넣어두어 다른 사람이 활용하기 편리하도록 배려하며, 여러 가지 보관용 상자, 바구니 등에는 유아교육 기관 자체의 분류 기준에 맞도록 분류 표시를 하고, 분류된 교재 · 교구장에 넣어 두고 분류 카드에 내용을 기록해 둔다.

(4) 교재 · 교구의 분류 기준을 정하여 보관한다

유아교육기관마다 기호 · 색깔 등과 같은 편리한 분류 기준을 정하여 그에 따른 분류 카드와 레이블을 활용한다.

(5) 교재 · 교구의 목록표를 기록한다

현재 유아교육기관에 보관하고 있는 교재 · 교구 목록표를 기록해 두어 교재 · 교구를 확인하거나 다음의 교육계획을 세울 때 편리하게 활용한다.

2) 교재 · 교구의 관리에 대한 요구사항

교재 · 교구의 관리에 대한 요구사항은 다음과 같다(윤상중, 2002).

- 교사들이 주간계획안을 작성할 때 편리하도록 생활 주제 및 주제별로 분류하여 분류기호체계인 고유번호를 부여한다.
- 교재 · 교구를 쉽게 사용할 수 있도록 해야 함은 물론 자료의 검색이나 보유 실태의 파악이 쉽고 파손된 교구의 확인과 보수계획, 보관에 필요한 레이블 등이 인쇄되도록 한다.
- 시청각지료인 비디오테이프, 카세트 녹음테이프, CD, LD 등에는 여러 개의 제목이 수록되어 있으므로 쉽게 검색하여 사용할 수 있도록 프로그램화한다.

3. 교재 · 교구와 교수–학습방법

전통적 교육방법은 교사가 교재 · 교구를 제시하며 강의와 설명, 시범, 연습 등을 통해 유아에게 지식을 전달하는 형태로 이루어졌으나, 최근에는 다양한 교수법의 개발로 유아의 능력과 요구에 적합한 교재 · 교구의 선택, 능동적 참여, 학습 형태에 따른 다양한 방법, 효과적인 교수–학습방법이 강조되고 있다.

교재 · 교구와 연관된 교수–학습방법을 소개하면 다음과 같다(교육부, 2001 ; 엄정례 · 우행선, 2005 재인용).

(1) 자기 표현

자기 표현self-expression은 유아가 자연적인 발달 또는 의도적인 교수–학습의 결과로 얻게 된 느낌과 생각을 다양한 활동 형태로 표현하는 것이다. 자기 표현 방식으로는 행동적 표현역할놀이, 게임, 신체 표현 등, 조형적 표현그리기, 만들기, 꾸미기, 전시하기 등 및 언어적 표현감정을 말로 표현하기, 문제해결방안을 말로 표현하기, 지식을 이야기 나누기 등이 있다.

(2) 설명하기

설명하기presentation는 유아가 개념이나 원리를 이해하도록 언어로 어떤 정보를 말해 주거나 자료를 보여 주면서 설명하는 방법이다. 교재나 시청각자료를 통해 유아에게 일방적으로 정보를 제시하는 것이 특징이다예 : 주제에 관한 이야기책을 보여 이야기 나누기.

(3) 시범

시범demonstration은 유아에게 과제에 대해 언제, 어디서, 왜, 그리고 어떻게 해야 하는지에 대해 자세하게 보여 주는 방법이다. 즉, 유아가 습득해야 할 과제에 대해 자세하게 보여 주어 실제로 실행할 수 있도록 하는 방법이다예 : 현미경 사용하는 방법과 주의할 점.

(4) 토의하기

토의하기discussion는 두 사람 이상이 어떠한 주제 또는 상황에 대해 서로 의견을 나누고, 이 의견들 사이의 유사점이나 차이점을 살펴보며, 의견 교환을 통해 과제 및 문제에 대해 최선의 결론을 얻는 방법이다예 : 신호등을 안전하게 건너는 방법에 대해 토의하기.

(5) 추론하기

추론하기inference는 가설적 딜레마와 상황에 대해 상황 속의 문제 또는 주인공이 문제해결을 하는 방법과 왜 그렇게 해야 하는가를 이야기하도록 하는 방법이다예 : ○○는 엄마 심부름을 가는 길에 아픈 친구를 발견했다. 친구는 자기 집까지 데려다 달라고 부탁했다. 만일 부탁을 들어준다면, 엄마가 시킨 심부름이 늦어지게 될 것이다. 이때 ○○는 어떻게 해야 할까? 왜 그렇게 해야 하는가?.

(6) 협동학습

협동학습cooperative learning은 공동의 주제나 과제를 가지고 소집단5~6명을 구성하여 함께 조사하고, 문제해결과정을 통해 지식을 발견하며, 공유하고, 협동심과 사회적 기술을 익히는 방법이다예 : 친구들과 놀잇감 규칙에 대해 서로 의논하고 만들기.

(7) 발견학습

발견학습discovery learning은 유아들이 스스로 발견과정을 통해 답을 찾고 직접경험을 통해 어떤 개념이나 지식, 원리를 깨달을 수 있도록 학습환경을 마련해주는 지도방법이다예 : 비가 오는 원리 학습하기.

(8) 문제해결

문제해결problem solving은 학습자에게 문제를 제시하거나, 교사와 유아가 문제 상황에 대해 그 원인과 해결책을 모색하는 방법이다. 문제해결의 전개과정은 문제의 정의, 문제해결과 관련된 정보 수집, 해결방안의 선정 및 적용, 해결방법에 대한 장 · 단점의 평가 및 새로운 방법의 재적용 등으로 이루어진다예 : 물건의 길이를 재어볼 때 '자'가 없다면 무엇으로 길이를 잴 수 있을지 문제해결하기.

(9) 시뮬레이션

시뮬레이션simulation은 학습자에게 실제와 유사한 학습 상황을 제공하여 위험 부담 없이 현실에 효과적으로 적응하고 대처할 수 있도록 지도하는 방법이다예 : 운전하는 방법 등.

(10) 훈련과 연습

훈련과 연습drill and practice은 수 · 언어 · 운동 기술과 관련된 과제에 적용되는 방법으로 오류가 있을 때는 수정해 주고, 따라 해 보게 한다든지 실행과 반복을 통해 숙달감을 기르게 하는 방법이다예 : 글씨 써보기.

(11) 직접 교수법

직접 교수법tutorial은 사람이나 컴퓨터, 인쇄물을 통해 직접 가르치는 것으로 질문하거나 문제를 제시하는 것, 반응에 답하거나 적절한 피드백 제공하기 등 주로 일대일로 지도가 이루어지는 경우가 많다예 : 교구를 조작하지 못할 때 교사가 직접 조작하기, 교사가 시범 보여 주기 등

(12) 대 · 소집단 · 개별 교수법

대집단 교수법large teaching은 교사 한 사람이 학습자를 대상으로 한꺼번에 같은 장소에서 똑같은 정보를 주는 활동이다. 이를 통해 지도시간을 단축하고 대량 교구의 능률을 올릴 수 있는 장점이 있으나 타율적인 학습과 주입식 교수가 되기 쉬운 단점이 있다.

소집단 교수법small teaching은 구성원 사이의 효과적인 상호작용 및 토론을 고취시키고자 하는 방법으로 학습의 목적과 성격에 따라 집단의 크기가 조절된다. 소집단활동에서 교사의 역할은 매우 중요하며, 관찰자 · 리더 · 중재자 · 지원자 · 참여자의 역할을 수행해야 한다.

개별 교수법individual teaching은 교사가 제시한 과제를 유아가 스스로 해결하거나 학습해 나가는 방법으로 학습자 개개인의 능력을 계발하는 데 효율적인 방법이며, 교사가 개별적으로 학습자와 접촉하여 학습자를 이해하고, 그에 적절한 지도와 도움을 주는 방법이다.

4. 교재 · 교구의 평가

제작된 교재 · 교구는 실제로 유아들과 상호작용을 해본 후 평가하고 수정 · 보완되어야 한다. 유아의 발달 상황에 적합한지 또는 교육목표에 부합하는지 등을 고려해야 한다. 평가를 하는 목적은 제작된 교재 · 교구에 대해 수정 · 보완해야 할 사항을 알아야 추후 활동을 할 때 활동의 효과성뿐만 아니라 교육의 효과를 높일 수 있기 때문이다. 평가과정에서는 다음과 같은 점들이 고려되어야 한다(차춘희 · 이수

정 · 오정옥 · 손영환 · 박희숙, 2003).

(1) 교재 · 교구는 유아의 발달에 적합한지를 평가한다

교재 · 교구를 제작할 때 여러 가지 면에서 고려하여 제작하였음에도 불구하고 제작한 교재 · 교구를 직접 활용해 보면 유아의 발달에 맞지 않는 경우가 있다. 따라서 제작된 교재 · 교구를 유아의 발달적 적합성에 따라 평가를 실시하고 수정하여 보완한다.

(2) 교재 · 교구는 유아의 흥미를 충분히 유도할 수 있는지를 평가한다

제작된 교재 · 교구와 유아 간의 상호작용이 이루어질 때 교재 · 교구가 유아들의 흥미를 지속적으로 유지시킬 수 있도록 매력적이어야 한다. 그렇지 않다면 유아들의 주의집중시간이 짧아지고, 산만해지기 쉽기 때문에 상호작용이 계속 이루어지지 않는다. 결국 교재 · 교구를 제작할 때 의도했던 교육목적을 성취하지 못한다. 따라서 교재 · 교구를 제작하는 과정에서 유아들이 창의성을 발휘하여 활용방법을 다양하게 만들어 낼 수 있는지, 유아들에게 충분히 도전적인 과제인지, 유아들에게 흥미 있는 주제인지, 유아들에게 충분히 매력적이고 심미감의 발달을 도울 수 있는지를 평가해 보아야 한다.

(3) 동일한 교재 · 교구를 가지고 다른 활동과 통합하여 확장할 수 있는지를 평가한다

교재 · 교구를 활용하여 수업을 진행한 후 동일한 교재 · 교구를 다른 활동과 통합한 활동으로 활용이 가능하다면, 추후 교수-학습활동이 가능하게 되어 교재 · 교구가 보다 효율적으로 상용될 것이다.

(4) 교재 · 교구의 활용성을 평가한다

교재 · 교구가 유아들의 발달수준에 맞고 적절한지, 유아들이 교재 · 교구를 활용했을 때 성취감과 만족감을 느끼고 있는지 등 활동도를 점검한다.

(5) 교재 · 교구의 내용적인 면을 평가한다

내용적인 측면에서는 학습내용을 이해하고 교육과정의 목표 및 내용을 적절하게 반영하고 있는지 확인한다. 교재 · 교구의 활용방법이 쉽고 이해하기 쉬운지에 대해서도 평가한다.

(6) 교재 · 교구의 안전성을 평가한다

교재 · 교구의 견고성과 안전성을 평가하고 구성 재료가 정확하고 질이 좋은지 등도 확인한다.

(7) 교재 · 교구의 흥미성을 평가한다

교재 · 교구가 유아들의 흥미를 끌고 있는지, 유아들의 호기심과 탐구심을 불러일으켜 학습의 참여도를 높일 수 있는지에 대해 평가한다.

Part 2

교재 · 교구의 실제

Teaching Materials & Methods for Childern

CHAPTER 6

사회관계영역

활동 1 한복을 입어 보아요

활동 주제	전통	대상 연령	만 3세
누리과정 관련 요소	• 사회 관계 〉 사회에 관심 가지기 〉 우리나라에 관심 갖고 이해하기 • 예술 경험 〉 예술 감상하기 〉 전통예술 감상하기		
활동목표	• 우리나라 전통의상에 관심을 갖는다. • 남녀 한복의 명칭을 알아본다. • 그림 카드를 이용해 한복 입는 순서에 대해 경험한다.		
활동자료	한복 그림자료, 한복 입히기 자석판, 한복 그림책, 한복 보관 상자		
제작 재료	한복 그림자료, 자석, 코팅지, 하드보드지, 지끈, 투명 시트지, 칼, 가위, 풀, 글루건, 링, 머메이드지, 펀치		
제작방법	**[한복 그림]** 1. 한복 그림 자료를 0.3cm 여백을 두고 자른 후 코팅한다. 2. 코팅을 한 그림 뒤에 자석이 보이지 않도록 잘라 붙인다. **[한복 입히기 판]** 1. 하드보드지 위에 투명 시트지를 붙인다. 2. 하드보드지 가장자리와 가운데 선을 황토색 지끈으로 두른다. 3. 왼쪽에는 남자, 오른쪽에는 여자를 붙인다. **[한복 입히기 책]** 1. 머메이드지를 A4 크기보다 약간 작은 크기로 14장 자른다. 2. 하드보드지는 머메이드지보다 조금 큰 크기로 자른다. 3. 하드보드지 위에는 활동명 등을 붙여주고 투명 시트지로 감싼다. 4. 머메이드지 위에는 한복 그림과 글자를 붙여준 뒤 코팅한다. 5. 하드보드지와 머메이드지는 일정한 방향과 크기로 구멍을 뚫는다. 6. 구멍을 뚫은 하드보드지와 머메이드지를 링으로 고정시킨다. **[한복 보관 상자]** 1. 하드보드지를 가로 21.5cm, 세로 30cm, 두께 1.5cm로 잘라 상자를 만든다. 2. 하드보드지를 가로 22.5cm, 세로 31cm, 두께 1.5cm로 잘라 상자의 뚜껑을 만든다. 3. 만든 상자 겉면을 투명 시트지로 감싼다. 4. 상자 모서리와 뚜껑 중간에 폼폼이를 붙인다.		
활동방법	1. 한복을 입은 경험이나 그와 관련한 이야기를 나눈다. 2. 한복의 명칭을 알아본다. 3. 한복을 펼쳐 놓은 후 자신이 생각하는 방식으로 입어본다. 4. 한복을 입는 과정을 교사가 도와주며 그림을 맞추어본다. 5. 경험한 활동에 대해 자신의 생각을 말해본다.		

확장활동	한복과 평상복에 대해 이야기 나눈다.

교구 사진

남자 한복 그림

여자 한복 그림

한복 입히기 책

한복 입히기 판

CHAPTER 6 사회관계영역

활동 2 맛있는 떡국 만들기

활동 주제	전통	대상 연령	만 5세
누리과정 관련 요소	• 사회 관계 〉 사회에 관심 가지기 〉 우리나라에 관심 갖고 이해하기 • 사회 관계 〉 다른 사람과 더불어 생활하기 〉 친구와 사이좋게 지내기		
활동목표	• 새해에 떡국을 먹는 풍습을 이해한다. • 규칙을 지키며 활동에 참여한다. • 서로의 팀을 응원하며 협동심을 느낀다.		
활동자료	말판, 말, 윷, 떡국에 들어갈 음식 모형, 활동 규칙판		
제작 재료	우드락, 하드보드지, 접착 펠트지, 펠트지, EVA, 백업, 솜, 휴지심, 신문지, 까슬이, 보슬이, 지끈, 모루, 바늘, 실, 글루건, 풀, 가위, 테이프, 칼, 자		
제작방법	[윷판] 1. 우드락을 반으로 접은 후 하드보드지로 감싸 단단하게 한다. 2. 한 면은 초록색 접착 펠트지로, 다른 한 면은 초록색 펠트지로 감싼다. 3. 감싼 판 위의 양쪽에 15cm 정도의 크기로 빨간색과 파란색 펠트지를 붙인다. 4. 갈색 펠트지를 이용해 지름 약 10cm의 동그라미 29개를 자른 후, 윷판 위의 말이 가는 위치에 붙인다. 5. 원형 보슬이를 판 위에 붙은 동그라미 위에 2~3개씩 붙인다. 6. 양쪽에 붙은 빨간색 펠트지와 파란색 펠트지 위에도 원형 보슬이를 4개씩 붙인다. 7. 판의 경계면과 가장자리, 동그라미 바깥 면에 지끈을 붙인다. [윷] 1. 황토색 펠트지를 지름 6cm의 반원 8개, 가로 6cm, 세로 약 30cm의 직사각형 8개 자른다. 2. 자른 펠트지를 윷 모양으로 꿰맨다. 3. 10cm를 남기고 꿰맨 윷 안에 모양이 흐트러지지 않도록 솜을 넣어준 뒤 마무리한다. 4. 완성된 윷 위에 X자 모양을 3개씩 붙인다. [말] 1. 휴지 심 8개를 신문지로 말아 단단하게 만든다. 2. 신문지를 넣은 휴지 심 4개는 빨간색 펠트지로, 나머지 4개는 파란색 펠트지로 감싼다. 3. 펠트지로 감싼 경계선은 모루로 감싼다. 4. 빨간색 말 위에는 강아지 모양을, 파란색 말 위에는 고양이 모양을 붙인다. [떡국 재료] 1. 흰색 백업을 어슷썰기하여 100개 정도 잘라주고 3개씩 붙여 떡을 만든다. 2. 흰색 펠트지와 노란색 펠트지를 가로 4cm, 세로 0.7cm 정도 크기로 각각 36개씩 자른다.		

	3. 자른 흰색 펠트지 조각 2개와 노란색 펠트지 조각 2개를 붙여 지단(달걀 고명)을 만든다. 4. 검은색 펠트지를 지단의 크기로 약 48개 정도 자른 후 4개씩 붙인다. 5. 지단과 김을 같이 붙인다. 6. 황토색 펠트지와 갈색 펠트지를 지단 길이와 비슷하게 하여 물결 모양으로 자른 후 2개씩 붙여 고기를 만든다. 7. 흰색 펠트지를 지름 10cm 크기의 원을 만들어 자른 후 만두 모양으로 만든다. 8. 꿰맨 만두 모양 안에는 솜을 채워 입체적으로 만든다. 9. 만든 만두 바닥 면에 원형 까슬이를 붙인다. **[떡국 그릇 판]** 1. 하드보드지를 반으로 자른 뒤 약 2/3 정도의 위치에 칼집을 낸다. 2. 칼집을 낸 하드보드지를 접어서 붙인다. 3. 붙인 하드보드지 바깥 면에 지끈으로 마무리한다. 4. 하늘색 EVA를 그릇 모양으로 자른다. 5. 자른 그릇 모양의 둘레에 파란색 지끈을 둘러준다. 6. 그 위에 음식을 붙일 수 있도록 원형 보슬이를 붙인다.
활동방법	1. 떡국과 관련된 스무고개를 제시한다. 2. 새해에 떡국을 먹는 이유에 대해 간략하게 소개한다. 3. 활동방법과 규칙에 대해 이야기를 나눈다. 4. 즐겁게 활동에 참여한다. 5. 활동을 마무리하며 느낀 점을 이야기 나눈다.
확장활동	• 역할영역에 배치하여 자유선택활동시간에 요리사 놀이, 음식 가게 주인 놀이를 한다. • 수 · 조작영역에 배치하여 음식을 니열하며 수 세기 놀이를 한다.
교구 사진	 윷 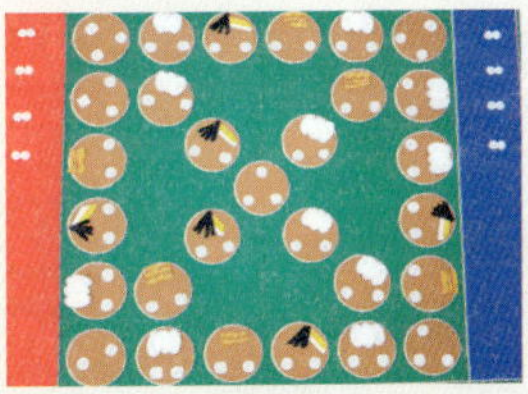 윷판  떡국 재료  말 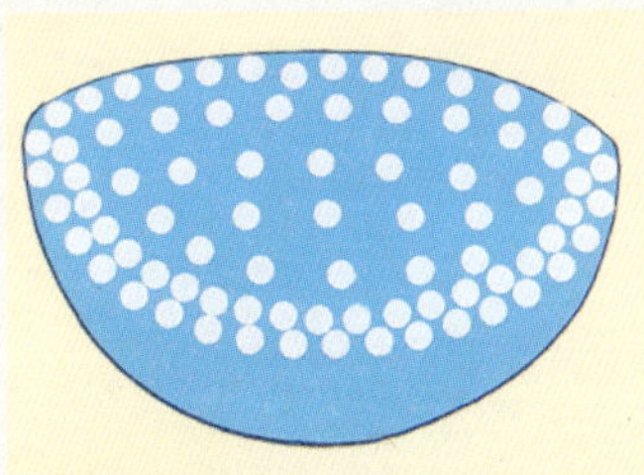 떡국 그릇 판

활동 3 예쁘게 써보아요

활동 주제	우리나라의 상징	대상 연령	만 3세
누리과정 관련 요소	의사소통 〉 말하기 〉 느낌, 생각, 경험 말하기 〉 자신의 느낌, 생각, 경험을 말해본다.		
활동목표	• 다양한 전통 모자의 색, 모양, 질감 등에 관심을 가진다. • 모자를 쓰고 어떤 느낌인지 말해본다. • 다양한 모자의 모양에 관심을 가진다.		
활동자료	다양한 형태의 모자 그림자료, 모자 이름표		
제작 재료	검은색 색지, 고무줄, 글루건, EVA, 가위, 테이프, 색지, 지끈, 하드보드지, 검은색 한지, 색종이, 스팽글		
제작방법	[족두리] 1. 하드보드지에 오각형 전개도를 그려서 오린 후 입체로 꾸민다. 2. 검은색 한지로 감싼다. 3. 색종이와 스팽글로 장식한다. [갓] 1. 색지로 원기둥을 만들어 붙인다. 2. 큰 원과 작은 원을 만들어 원기둥의 아래와 위에 붙인다. 3. 고무줄을 붙여 크기를 조절한다. [아얌] 1. 분홍색 EVA로 아얌 틀을 만든 후 잘라서 붙인다. 2. 아얌 드리 두 가닥을 만든다. [이름표] 1. 전통 모자의 이름을 인쇄한 후 코팅한다. 2. 이름표를 우드락에 붙인다. 3. 우드락을 모양대로 자른 후 세울 수 있도록 받침대를 만들어 완성한다.		
활동방법	1. 모자와 장신구에 대해 이야기를 나눈다. 2. 모자의 종류와 사용에 대해 알아본다. 3. 모자를 완성해 역할놀이를 해본다. 4. 완성된 모자에 대해 이야기를 나눈다.		
확장활동	전통 모자의 색, 모양, 질감 등에 관심을 갖고 탐구한다.		

교구 사진

족두리

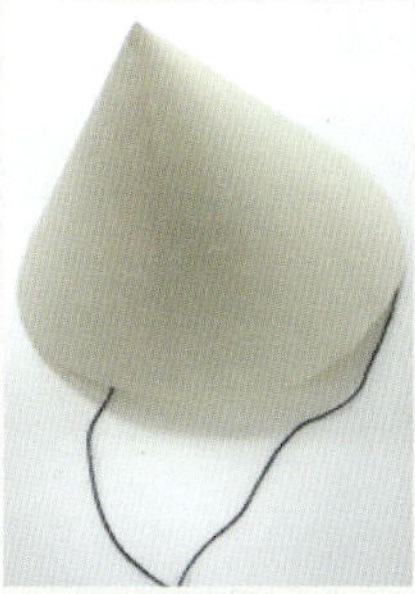

삿갓

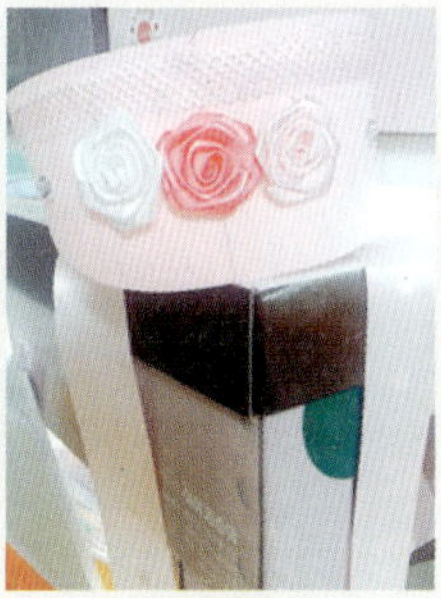

아얌

갓

이름표

CHAPTER 6 사회관계영역

활동 4 주막놀이

활동 주제	우리나라의 생활	대상 연령	만 5세
누리과정 관련 요소	• 사회관계 〉 사회에 관심 가지기 〉 우리나라에 관심 갖고 이해하기 〉 우리나라의 전통, 역사, 문화에 관심을 갖는다. • 사회관계 〉 다른 사람과 더불어 생활하기 〉 친구와 사이좋게 지내기 〉 친구와 협동하며 놀이한다.		
활동목표	• 전통음식에 대해 이해한다. • 시대 배경에 맞는 가상놀이를 한다.		
활동자료	배경판, 주막 음식, 메뉴판, 상, 숟가락, 젓가락		
제작 재료	우드락, 골판지. 하드보드지. 색 한지, 지끈, 흰 종이, 음식 사진, 일회용 그릇, 플라스틱 용기, 열선 커터기, 글루건, 가위, 풀, 자, 테이프, 풀, 유성매직		
제작방법	**[배경 판]** 1. 2절 우드락 위에 황토색 한지를 붙인다. 2. 검은색 골판지를 부채꼴로 잘라 기와 모형을 만든다. 3. 기와 모형을 우드락 위에 붙인다. 4. 배경 판이 쓰러지지 않도록 받침대를 만든다. **[상]** 1. 우드락 사이에 4절 하드보드지를 겹쳐 붙인다. 2. 붙인 하드보드지를 고동색 한지로 붙인다. 3. 하드보드지 4개를 일정한 간격을 두어 칼집을 낸 후 접어서 사각 기둥을 만들어 상의 다리를 만든다. 4. 상판과 상다리를 붙인다. **[음식 모형]** 1. 음식 사진을 인쇄한다. 2. 인쇄한 사진의 모양에 따라 오린 뒤, 우드락에 붙인다. 3. 음식 사진의 우드락을 모양대로 오린다. **[메뉴판]** 1. 손바닥 크기 정도의 우드락과 하얀색 종이 5개를 준비한다. 2. 준비한 우드락과 하얀색 종이를 덧대어 붙인다. 3. 하얀색 종이에 음식 이름과 가격을 쓴다. 4. 윗부분에 구멍을 내어 노끈으로 고리를 만든다. **[엽전]** 1. 엽전 사진을 인쇄한다. 2. 인쇄한 엽전 사진을 모양에 따라 오려 우드락에 붙인 후 오린다. 3. 옆면은 아크릴물감 또는 한지로 흰 부분이 보이지 않도록 붙인다.		

제작방법	**[각종 그릇]** 1. 모자이크 기법으로 일회용 용기를 한지로 감싼다. 2. 그릇 위에 준비해둔 음식을 배치하여 붙인다.
활동방법	1. 주막에 대해 이야기 나눈다. 2. 주의할 점을 이야기 나눈다. 3. 자유롭게 주막놀이를 한다. 4. 활동한 소감에 대해 이야기 나눈다.
확장활동	• 주막에서는 어떤 음식들을 파는지 알아본다. • 주막에서 파는 음식들을 알아보고 음식을 한 가지 정하여 만들어본다. • 자신이 만든 음식을 친구들과 나누어 먹어본다.
교구 사진	 음식 모형  배경 판과 음식 모형

활동 5 뚝딱뚝딱 대장간

활동 주제	우리나라의 생활	대상 연령	만 4세
누리과정 관련 요소	• 예술 경험 〉 예술적 표현하기 〉 극놀이로 표현하기 〉 소품, 배경, 의상 등을 사용하여 협동적으로 극놀이를 한다. • 사회관계 〉 다른 사람과 더불어 생활하기 〉 친구와 사이좋게 지내기 〉 친구와 협동하며 놀이한다. • 사회관계 〉 다른 사람과 더불어 생활하기 〉 사회적 가치를 알고 지키기 〉 다른 사람과 한 약속이나 공공규칙을 지킨다.		
활동목표	• 옛날 생활도구의 특징에 대해 안다. • 옛날 생활도구에 관심을 가진다. • 대장간 알아보기에 적극적으로 참여한다.		
활동자료	대장간, 대장간 도구		
제작 재료	하드보드지, 백업, 펠트지, 한지, 색지, '뚝딱뚝딱 대장간' 인쇄지, 지끈, 우드락, 풀, 가위, 글루건, 칼		
제작방법	**[대장간 가게]** 1. 우드락 2개는 정사각형 모양으로, 1개는 직사각형 모양으로 자른다. 2. 3개의 우드락을 한지로 감싼다. 3. 우드락을 잘라 받침판을 만든다. 4. 청록색 한지로 받침판을 감싼다. 5. 받침판을 사각형 위에 고정한다. 6. 주황색과 갈색 색지 위에 '뚝딱뚝딱 대장간' 글자를 도안하여 자른다. 7. 글자의 뒷면에 우드락을 덧대어 잘라 붙여 입체감 있게 붙인다. 8. 지끈을 붙여 글자가 돋보이도록 마무리한다. **[대장간 도구]** 1. 하드보드지로 도구 모양을 그린 후 자른다. 2. 자른 도구 모양은 펠트지로 감싼다. 3. 흰색 펠트지로 도구의 끝을 만들어 붙인다. 4. 손잡이는 백업을 한지로 감싼 후 위와 아래를 띠를 둘러 꾸민다. 5. 손잡이에 도구를 끼울 수 있도록 칼집을 낸다. 6. 칼집을 낸 손잡이에 도구를 끼운 후 고정한다. 7. 같은 방법으로 다른 모양의 도구를 5~6개 정도 만든다.		

활동방법	1. 지난 활동을 회상하며 이야기 나눈다. 2. 대장간에 대해 이야기 나눈다. 3. 대장간에서 만드는 도구의 이름과 쓰임에 대해 알아본다. 4. 활동을 회상하며 이야기 나눈다.
확장활동	역할놀이로 농사짓는 사람이 되어 보는 활동을 해본다.
교구 사진	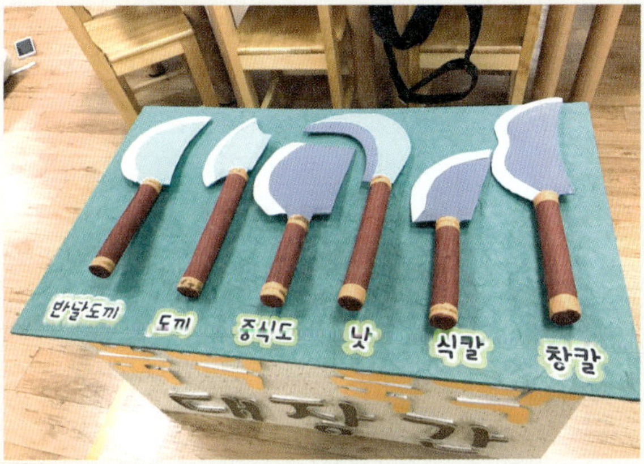 대장간 가게 1  대장간 가게 2

CHAPTER 6 사회관계영역

활동 6 전통 음식을 알아보아요

활동 주제	우리나라의 음식	대상 연령	만 4세
누리과정 관련 요소	• 사회 관계 〉 사회에 관심 가지기 〉 우리나라에 관심 갖고 이해하기 • 의사소통 〉 말하기 〉 상황에 맞게 바른 태도로 말하기 • 예술 경험 〉 예술적 표현하기 〉 극놀이로 표현하기		
활동목표	• 전통 음식의 종류와 이름을 안다. • 음식의 종류와 유래를 이해하고 우리나라의 전통 문화를 이해한다.		
활동자료	상, 전통 음식		
제작 재료	구김지, 풀, 가위, 접시, 글루건, 부직포, 폼보드, 접시, 숟가락, 실, 바늘, 솜, 테이프		
제작방법	[음식] 1. 음식은 부직포 위에 모양대로 그려서 자른 후 솜을 넣고 바느질한다. 2. 음식 위에 다양한 장식을 한다. 3. 완성된 음식을 접시 위에 놓는다. [상] 1. 폼보드지를 칠각형 모양으로 자른 후 구김지를 붙여 상의 다리를 만든다. 2. 폼보드지를 잘라서 상의 윗면을 만들어 구김지를 붙인다. 3. 상의 다리와 윗면을 붙여서 고정한다.		
활동방법	1. 전통 음식 모형을 보며 음식을 먹어본 경험에 대해 이야기 나눈다. 2. 전통 음식 모형을 보며 음식의 이름을 적어본다. 3. 활동을 마무리하며 활동 소감을 이야기 나눈다.		
확장활동	역할을 정하여 전통 음식 차리는 놀이를 한다.		
교구 사진	 완성 교구		

활동 7 탈의 종류에 대해 알아보아요

활동 주제	우리나라의 문화	대상 연령	만 5세
누리과정 관련 요소	• 예술 경험 〉 예술 감상하기 〉 전통 예술 감상하기 • 사회 경험 〉 우리나라에 관심 갖고 이해하기		
활동목표	우리나라 전통 탈의 종류와 유래에 대해 알아본다.		
활동자료	다양한 종류의 탈		
제작 재료	탈 모형, 한지, 풀, 아크릴물감, 붓, 물통, 팔레트		
제작방법	[각시 탈] 1. 한지를 손으로 잘게 찢는다. 2. 찢은 한지를 탈 모형에 붙인다. 3. 그늘에 두어 말린다. [봉산 탈] 1. 빨간색 한지를 잘게 찢는다. 2. 한지를 탈 모형에 붙인다. 3. 건조된 탈은 다양한 문양으로 꾸며준다.		
활동방법	1. 우리나라 전통 탈의 종류에 대해서 알아본다. 2. 유아들과 다양한 모양의 탈을 만든다. 3. 완성된 탈을 사용해 역할놀이를 해본다. 4. 활동한 소감에 대해 이야기 나눈다.		
확장활동	동작활동으로 탈춤놀이를 해본다.		
교구 사진	 완성 교구		

CHAPTER 6 사회관계영역

활동 8 사랑의 자선냄비

활동 주제	따뜻한 마음을 전해요	대상 연령	만 5세
누리과정 관련 요소	• 의사소통 : 말하기 〉 느낌, 생각, 경험 말하기 • 사회관계 : 사회에 관심 가지기 〉 다른 사람과 더불어 생활하기 • 사회관계 : 다른 사람과 더불어 생활하기 〉 공동체에서 화목하게 지내기 • 예술 경험 : 예술적 표현하기 〉 극놀이로 표현하기		
활동목표	• 사랑의 자선냄비 역할놀이를 통해 나눔에 대해 관심을 가진다. • 친구와 협력하여 사랑의 자선냄비 놀이에 즐겁게 참여한다.		
활동자료	자선냄비, 돈, 지갑, 조끼, 넥타이, 종, 사랑의 온도계		
제작 재료	솜, 가위, 글루건, 하드보드지, 펠트지, 연필, 병 뚜껑, 플라스틱 컵, 방울, 페트병, 상자, 래커		
제작방법	[자선냄비] 1. 빨간색 펠트지를 상자의 뚜껑에 맞는 크기로 자른다. 2. 뚜껑 중앙 부분에 직사각형 모양을 내어 자선냄비의 투입구를 만들어 준다. 3. 빨간색 시트지를 긴 직사각형으로 잘라 상자의 옆면에 붙여준다. 4. 흰색 펠트지를 이용하여 '자선냄비'라는 글자 모양을 만들어 상자에 붙여준다. 5. 빨간색 펠트지와 흰색 펠트지로 구세군 팻말을 만들어 준다. 6. 젓가락 두 개를 이어 붙이고, 빨간색 부직포로 감싸 팻말의 기둥을 만들어 준다. 7. 빨간색 부직포와 벨크로를 이용하여 팻말과 기둥, 기둥과 상자를 연결해 준다. [지폐] 1. 지폐의 도안을 찾아 인쇄한다. 2. 인쇄한 지폐는 자른 후 코팅한다. [동전] 1. 병 뚜껑 두 개를 겹쳐서 붙여준다. 2. 금색 래커를 뿌려서 병 뚜껑에 색을 입힌다. 3. 네임펜으로 숫자를 써서 동전을 완성한다. [동물 지갑] 1. 동물 도안을 한 후 잘라서 바느질하고 장식한다. 2. 가로 16.5cm, 세로 8cm인 지갑을 만든다. 3. 지갑의 옆 부분을 버튼홀스티치로 꿰맨다. [종] 1. 플라스틱 일회용 컵의 밑 부분에 십자 모양의 칼집을 낸다. 2. 칼집을 낸 부분에 연필을 꽂은 후 고정한다. 3. 일회용 컵에 펠트지를 감싼다.		

제작방법	4. 동그랗게 자른 펠트지 중앙에 십자 모양으로 칼집을 낸 후 연필을 통과하여 컵의 밑부분에 붙인다. 5. 연필에 펠트지를 감싸 붙인다. 6. 흰색 모루를 가장자리에 붙여 종을 꾸며준다. 7. 페트병 밑을 자른 후 방울을 넣어서 종의 안과 연결한다. **[넥타이]** 1. 넥타이 모양대로 도안을 한 후 오린다. 2. 마름모 모양을 서로 맞대어 안에 솜을 넣고 바느질한다. 3. 직사각형을 접어 윗부분에 고정한다. 4. 직사각형 사이로 고무줄을 연결한다. **[조끼]** 1. 유아의 몸 둘레를 고려하여 펠트지를 접는다. 2. 목 부분을 고려하여 안쪽으로 접어 고정한다. 3. 팔을 넣을 수 있도록 곡선 모양으로 자른다. 4. 어깨 부분을 바느질한다. 5. 단추를 단다. 6. 구세군 마크와 주머니 모양을 붙인다. **[사랑의 온도계]** 1. 하드보드지를 긴 직사각형으로 잘라 흰색 펠트지를 붙여준다. 2. 빨간색 펠트지로 온도계의 밑 부분을 만들어 준다. 3. 온도계에 붙일 하트 모양은 펠트지로 10개 만들고, 뒷면에 벨크로를 붙여준다. 4. 온도계의 눈금 부분은 검은색 펠트지로 만든다. 5. 온도계를 걸 수 있도록 고리 부분을 만들어 완성한다.
활동방법	1. 《너는 누구니?》 동화 속 한 장면을 보고, 회상 및 이야기를 나눈다. 2. 구세군 자선냄비에 관한 동영상을 보여 주고 동영상에 대해 이야기 나눈다. 3. 지켜야 할 규칙들을 일방적으로 교사가 제시하지 않고 유아들과 함께 정한다. 4. 구세군 자선냄비 모금활동 역할놀이를 해본다. 5. 구세군 자선냄비 모금활동을 한 후 생각과 느낌을 다른 친구들에게 소개하는 시간을 갖는다. 그리고 기부활동과 나누는 것의 소중함에 대해 이야기해본다. 6. 오늘 했던 활동에 대해 회상하고 평가한다. 7. 활동을 정리하며 다음 활동에 대해 소개한다.
확장활동	사랑의 자선냄비 교구를 이용하여 자선냄비 역할놀이를 자유롭게 해본다.

교구 사진

구세군 냄비

지폐

지갑

넥타이

구세군 조끼

종

완성 교구

활동 9 어떤 표정일까요?

활동 주제	우리 이웃	대상 연령	만 5세
누리과정 관련 요소	• 사회관계 〉 나와 다른 사람의 감정 알고 조절하기 〉 나와 다른 사람의 감정 알고 표현하기 • 사회관계 〉 다른 사람과 더불어 생활하기 〉 친구와 사이좋게 지내기 • 예술 경험 〉 예술적 표현하기 〉 통합적으로 표현하기		
활동목표	• 자신의 이야기를 다른 사람에게 전달할 수 있다. • 자신의 감정을 언어와 표정으로 표현할 수 있다.		
활동자료	표정 카드, 카드 보관함, 활동 판		
제작 재료	우드락, 색지, 글루건, 칼, 가위, 코팅지, 자, 찍찍이, 수성펜		
제작방법	1. 표정 카드와 표정에 맞는 단어를 인쇄한 후 코팅한다. 2. 표정 카드를 꽂을 수 있도록 우드락을 일정한 간격으로 칼집을 낸다. 3. 찍찍이 테이프를 카드 앞쪽과 단어 뒤에 붙인다. 4. 우드락을 집 모양으로 자른 후 활동 판에 세워서 고정한다. 5. 우드락의 집 모양 위에 활동 제목을 붙인다. 6. 제목이 잘 보이도록 펜으로 테두리를 강조해서 붙인다.		
활동방법	1. 다양한 감정과 표정에 대해 이야기 나눈다. 2. 카드의 표정과 알맞은 단어를 찾아본다. 3. 단어 카드 하나를 선택해 단어와 맞는 얼굴 표정을 찾아서 앞에 붙인다. 4. 활동 후 소감에 대해 이야기 나눈다.		
확장활동	친구의 감정을 알고 배려하기		
교구 사진	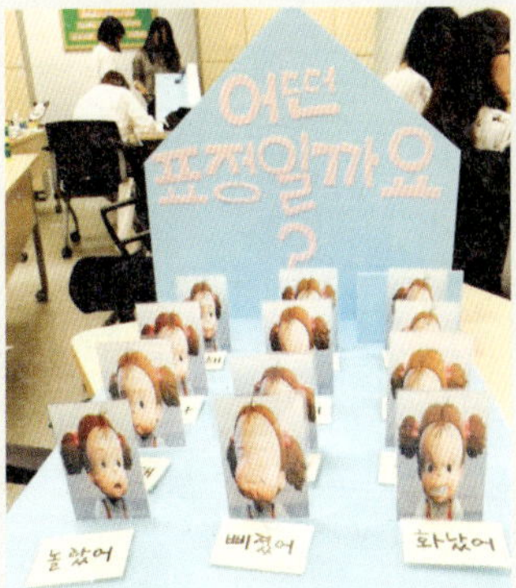 완성 교구		

활동 10 시장놀이

<table>
<tr><td>활동 주제</td><td>우리 이웃</td><td>대상 연령</td><td>만 4세</td></tr>
<tr><td>누리과정 관련 요소</td><td colspan="3">• 사회관계 〉 나와 다른 사람의 감정 알고 조절하기 〉 나와 다른 사람의 감정 알고 표현하기
• 사회관계 〉 다른 사람과 더불어 생활하기 〉 친구와 사이좋게 지내기
• 예술 경험 〉 예술적 표현하기 〉 통합적으로 표현하기</td></tr>
<tr><td>활동목표</td><td colspan="3">• 상황에 알맞은 말을 배운다.
• 계산을 통하여 수의 개념을 익힌다.</td></tr>
<tr><td>활동자료</td><td colspan="3">과일가게, 채소가게, 정육점, 지갑과 돈</td></tr>
<tr><td>제작 재료</td><td colspan="3">폼보드, 펠트지, 글루건, 테이프, 까슬이, 보슬이, 코팅지</td></tr>
<tr><td>제작방법</td><td colspan="3">[정육점]
1. 정육점 간판과 가격표를 만든다.
2. 정육점의 가게를 완성한다.
[과일가게]
1. 과일가게 간판과 가격표를 만든다.
2. 과일가게를 만든 후 과일 사진을 붙여서 고정한다.
[채소가게]
1. 채소 사진과 채소를 담을 상자를 만든다.
2. 채소가게 간판과 가게를 만든다.
[돈과 지갑]
1. 돈과 카드 그림을 인쇄한 후 코팅하여 돈을 만든다.
2. 지갑은 펠트지로 만들고 동물 얼굴로 꾸며서 완성한다.</td></tr>
<tr><td>활동방법</td><td colspan="3">1. 손 유희를 하여 주의를 집중시킨다.
2. 시장에서 경험한 내용을 회상한다.
3. 시장놀이에 대해 이야기를 나눈다.
4. 손님과 주인의 역할을 나누어 시장놀이를 한다.
5. 활동한 후 소감을 이야기 나눈다.</td></tr>
<tr><td>확장활동</td><td colspan="3">시장놀이를 한 후 다양한 재료를 활용해 요리를 해본다.</td></tr>
</table>

교구 사진

메뉴판 1

메뉴판 2

지갑

지폐

정육점

과일가게

채소가게

완성 교구

활동 11 인사를 해요

활동 주제	우리 이웃	대상 연령	만 4세
누리과정 관련 요소	• 사회관계 〉 나와 다른 사람의 감정 알고 조절하기 〉 나와 다른 사람의 감정 알고 표현하기 • 사회관계 〉 다른 사람과 더불어 생활하기 〉 친구와 사이좋게 지내기 • 예술 경험 〉 예술적 표현하기 〉 통합적으로 표현하기		
활동목표	• 대상과 상황에 따라 적절하게 인사할 수 있다. • 상황 그림카드를 보면서 어떤 그림인지 어떻게 인사해야 하는지 이야기해본다.		
활동자료	역할 이름표, 인사말 카드, 상황 그림카드		
제작 재료	하드보드지, 코팅지, 지끈, 펀치, 그림자료		
제작방법	1. 역할 이름표의 단어를 인쇄한 후 코팅지를 붙이고 구멍을 뚫어 지끈을 단다. 2. 인사말 카드의 문장을 인쇄하여 자른 후 코팅지를 붙인다. 3. 상황 그림카드의 그림을 인쇄하여 자른 후 코팅지를 붙인다.		
활동방법	1. 인사말에 대해 이야기 나눈다. 2. 활동방법에 대해 이야기 나눈다. • 상황 그림카드를 보면서 어떤 그림인지 어떻게 인사해야 하는지 소개한다. • 상황 그림카드에 알맞은 인사말 카드를 맞춰본다. • 이름 판을 이용해 카드 상황에 맞는 역할을 해보며 인사말을 익힌다. 3. 활동한 내용에 대해 이야기 나누며 활동을 마무리한다.		
확장활동	다양한 인사말을 알아본다.		

교구 사진

역할 이름표

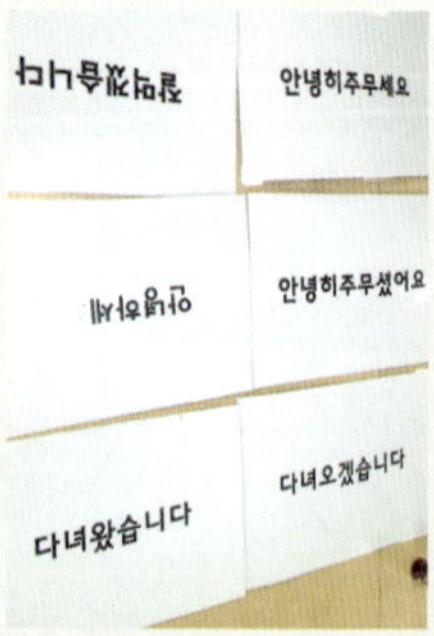

인사말 카드

상황 그림카드

활동 12 이곳은 어디일까요?

활동 주제	우리 동네	대상 연령	만 4세
누리과정 관련 요소	사회관계 〉 사회에 관심 가지기 〉 지역사회에 관심을 가지고 이해하기		
활동목표	• 우리 동네 다양한 기관이 있음을 안다. • 다양한 기관을 나타내는 상징적인 표시를 이해하고 구별한다.		
활동자료	그림판, 사람, 건물, 기관 표시카드		
제작 재료	하드보드지, 시트지, 색지, 색종이, 글루건, 풀, 가위, 자, 칼, 보슬이, 까슬이, 표지판, 빨대, 코팅지		
제작방법	**[그림판]** 1. 하드보드지 위에 회색 색지로 도로를 만들고 색종이로 건물을 만들어서 붙인다. 2. 하드보드지를 투명 시트지로 감싼다. 3. 하드보드지를 가로 7cm, 세로 5cm로 24개 자르고, 5cm 정사각형을 12개 잘라서 색지를 붙인 후 입체적으로 건물을 만든다. 4. 입체적으로 만든 건물을 찍찍이를 이용해 그림판 위에 붙인다. 5. 각 기관의 상징적 도안을 인쇄한 후 입체적으로 만든 건물에 붙인다. **[표지판과 사람]** 1. 표지판과 사람을 인쇄한 후 가위로 오린다. 2. 오린 표지판과 사람을 코팅지로 코팅한다. 3. 코팅한 사람에 빨대를 붙이고 표지판에 까슬이를 붙인다.		
활동방법	1. 지역사회에 있는 공공기관과 장소에 대해 이야기 나눈다. 2. 공공기관의 표지판에 대해 알아본다. 3. 공공기관과 장소의 표지판에 대해 영유아들이 이해할 수 있도록 설명한다. 4. 활동 후 소감에 대해 이야기를 나눈다.		
확장활동	소그룹활동으로 지역사회 지도 꾸미기		
교구 사진	 완성 교구		

활동 13 배달해 주세요

활동 주제	우리 이웃	대상 연령	만 5세
누리과정 관련 요소	• 사회관계 〉 나와 다른 사람의 감정 알고 조절하기 〉 나와 다른 사람의 감정 알고 표현하기 • 사회관계 〉 다른 사람과 더불어 생활하기 〉 친구와 사이좋게 지내기 • 예술 경험 〉 예술적 표현하기 〉 통합적으로 표현하기		
활동목표	• 자신의 역할에 따라 놀이에 즐겁게 참여한다. • 자신의 역할에 따른 올바른 태도와 질서를 지킨다.		
활동자료	배달통, 지폐와 지갑, 음식		
제작 재료	하드보드지, 일회용 접시, 음식 사진, 폼폼이, 그림 도안, 펠트지, 은박지		
제작방법	**[음식]** 1. 음식 사진을 찾아 일회용 접시에 알맞게 자른 다음 코팅해서 붙인다. 2. 만두는 펠트지를 오려서 솜을 넣고 반을 접어 꿰맨다. 3. 탕수육은 폼폼이 4개를 이어 붙인다. 4. 단무지는 우드락을 반원으로 자른 후 노란색 색지를 붙인다. 5. 양파는 우드락 한쪽 면에 테이프를 붙이고 반대쪽 면에 칼집을 내서 구부린다. 6. 춘장은 우드락 조각에 검은색 매직을 칠한 후 손 코팅지로 코팅을 한다. **[배달통]** 1. 하드보드지를 은박지로 감싼 후 배달통 형태를 만든다. 2. 음식 배달통 윗부분에 손잡이를 만들어 완성한다. **[지폐와 지갑]** 1. 지폐 사진을 인쇄하여 자르고 코팅한다. 2. 펠트지를 직사각형으로 자른 후 반으로 접어 바느질한다.		
활동방법	1. 배달 음식에 관한 이야기를 나눈다. 2. 활동방법과 지켜야 할 규칙에 대해 이야기를 나눈다. 3. 손님과 주인의 역할을 정하고 음식을 주문하고 계산하는 활동을 한다. 4. 활동 후 소감에 대해 이야기 나눈다.		
확장활동	음식 재료를 이용해 요리를 해본다.		

교구 사진

음식 모형

만두

춘장과 양파, 단무지

음식 모형

완성 교구

활동 14 맞춰 보아요

활동 주제	사물과 도구	대상 연령	만 4세
누리과정 관련 요소	• 의사소통 〉 말하기, 느낌, 생각, 경험 말하기 • 예술 경험 〉 예술적 표현하기 〉 통합적으로 표현하기		
활동목표	• 다양한 어휘를 사용하여 말한다. • 일상생활 소품의 사용 용도를 알아본다.		
활동자료	그림 카드		
제작 재료	하드보드지, 펠트지, 플라스틱, 링, 펀치		
제작방법	1. 하드보드지로 삼각대를 만든다. 2. 펠트지를 네모 모양으로 자른다. 3. 자른 펠트지 위에 다양한 형태의 사물과 도구를 그려서 자른 후 붙인다. 4. 그림 카드 윗부분에 삼각대 구멍에 맞춰 펀치로 뚫어준다. 5. 그림카드 밑에 단어를 써서 붙인다.		
활동방법	1. 주변에 있는 물건들에 대해 이야기 나눈다. 2. 주변의 다양한 사물과 도구에 대해 퀴즈를 제시한다. 3. 영유아는 퀴즈를 맞추고 교사는 그림카드를 보여 주며 설명을 한다. 4. 활동 후 소감에 대해 이야기 나눈다.		
확장활동	다양한 물건들의 사용방법과 용도를 이해하기		
교구 사진	 그림 카드		

활동 15 다양한 얼굴 표정

활동 주제	우리 이웃	대상 연령	만 3세
누리과정 관련 요소	• 사회관계 〉 나와 다른 사람의 감정 알고 조절하기 〉 나와 다른 사람의 감정 알고 표현하기 • 사회관계 〉 다른 사람과 더불어 생활하기 〉 친구와 사이좋게 지내기 • 예술 경험 〉 예술적 표현하기 〉 통합적으로 표현하기		
활동목표	• 다양한 상황을 보고 감정을 이해한다. • 다른 사람의 감정을 알 수 있다.		
활동자료	상황 그림, 표정 그림, 얼굴 그림, 삼각판		
제작 재료	테이프, 펀치, 투명시트지, 머메이드지, OHP 필름, A4용지, 코팅지, 고리, 하드보드지, 글루건, 유성매직, 가위, 풀		
제작방법	**[삼각판]** 1. A4 용지보다 조금 크게 하드보드지를 자른다. 2. 두 장의 하드보드지를 겹쳐서 테이프로 붙여 삼각형을 만든다. 3. 가장자리는 색 테이프로 감싼다. **[표정 그림]** OHP 필름에 유성매직펜으로 다양한 얼굴 표정을 그린다. **[얼굴 그림]** A4 용지에 남자 얼굴과 여자 얼굴을 그린다. **[상황 그림]** 상황이 알맞은 그림을 찾아 인쇄하고 그림을 자른 후 코팅한다.		
활동방법	1. 유아에게 다양한 상황 그림을 보여 주며 이야기 나눈다. 2. 상황 그림 속의 다양한 표정에 대해 이야기 나눈다. 3. 교구에 대해 소개한다. 4. 표정 필름을 제시하여 붙여본다. 5. 활동 후 소감을 이야기 나눈다.		
확장활동	• 그림을 따라서 표정을 짓는다. • 상황에 따른 표정을 이야기 나눈다.		

교구 사진

얼굴 그림

상황 그림

활동 16

분식집

<table>
<tr><td>활동 주제</td><td>우리 이웃</td><td>대상 연령</td><td>만 4세</td></tr>
<tr><td>누리과정 관련 요소</td><td colspan="3">• 이야기 나누기 〉 의사소통
• 수학적 탐구하기 〉 수와 연산의 기초 개념 알아보기
• 사회관계영역 〉 직업에 맞는 역할을 통해서 사회관계를 증진할 수 있다.</td></tr>
<tr><td>활동목표</td><td colspan="3">• 수 개념을 알 수 있다.
• 친구들과 함께 함으로써 소집단활동을 할 수 있다.</td></tr>
<tr><td>활동자료</td><td colspan="3">분식집, 음식, 화폐, 메뉴판</td></tr>
<tr><td>제작 재료</td><td colspan="3">하드보드지, 테이프, 펠트지, 가위, 글루건, 색모루, 종이컵, 나무젓가락, 우드락</td></tr>
<tr><td>제작방법</td><td colspan="3">[분식집]
1. 우드락으로 분식집 틀을 만든다.
2. 분식집 앞면은 네모 모양으로 잘라 뚫어준다.
3. 하드보드지로 앞면의 테이블을 만들어 준 후 색 테이프로 감싼다.
4. 분식집 틀과 앞면의 테이블을 붙여준다.
5. 분식집 틀 위에 지붕을 만들어 고정한다.
[음식]
1. 어묵 : 펠트지를 세로로 6등분으로 자른 후 가운데에 나무젓가락이 들어갈 수 있도록 8개의 공간을 만들고 나무젓가락을 지그재그로 통과시켜준다.
2. 떡볶이와 김밥
• 떡볶이는 빨간색 펠트지를 동그랗게 말아준 후 끝을 붙인다.
• 김밥은 흰색 펠트지를 말아서 끝을 붙여준 후 검은색 펠트지로 감싼다.
• 김밥 속인 흰색 펠트지 가운데에 펠트 조각들을 붙여준다.
3. 슬러시 : 색 모루를 종이컵에 감아올려서 붙여준다.
[화폐]
1. 동전과 지폐는 흰색 펠트지로 만든 후 금액을 써준다.
2. 하드보드지로 메뉴판을 만들어 음식의 종류와 가격을 써준다.
3. 간판을 만들고 완성한다.</td></tr>
<tr><td>활동방법</td><td colspan="3">1. 유아들이 좋아하는 음식에 대해 이야기를 나눈다.
2. 역할을 정해 손님과 주인의 역할을 해본다.
3. 활동 후 소감을 이야기 나눈다.</td></tr>
<tr><td>확장활동</td><td colspan="3">다양한 재료를 이용해 친구들과 요리해본다.</td></tr>
</table>

교구 사진

음식

화폐

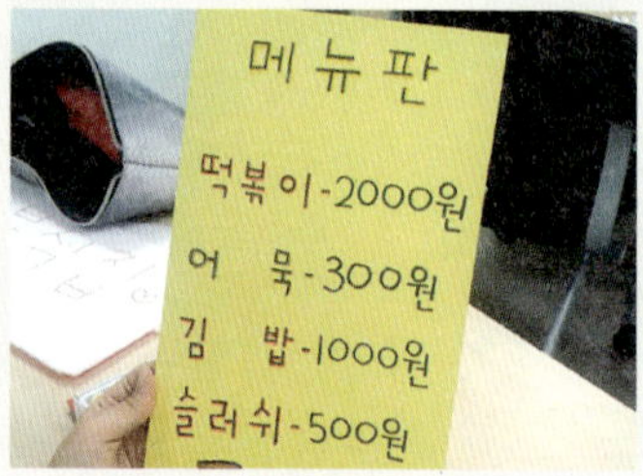

메뉴판

완성 교구

활동 17

붕어빵 놀이를 해요

활동 주제	겨울	대상 연령	만 4세
누리과정 관련 요소	• 사회관계 〉 사회에 관심 가지기 〉 지역사회에 관심 갖고 이해하기 〉 우리 동네 사람들이 하는 일에 관심을 갖는다. • 의사소통 〉 말하기 〉 낱말과 문장으로 말하기 〉 일상생활에서 일어나는 일들을 간단한 문장으로 말한다.		
활동목표	• 붕어빵 장수가 하는 일에 관심을 갖고 활동한다. • 상인과 손님 간의 상호작용을 할 수 있다.		
활동자료	붕어빵 상자, 붕어빵 틀, 붕어빵, 붕어빵 맛, 붕어빵 봉투, 메뉴판		
제작 재료	검은색 한지, 펠트지, 스티로폼, 나무막대, 시트지, 똑딱이, 빈 상자		
제작방법	**[붕어빵 상자]** 1. 상자의 안쪽을 검은색 한지로 감싸준다. 2. 상자의 바깥쪽을 검은색 펠트지로 감싸준다. 3. 상자 뚜껑 겉면에 붕어빵 글씨를 붙인다. **[붕어빵 틀]** 1. 스티로폼을 큰 크기(가로 27cm, 세로 20cm)와 작은 크기(가로 22.5cm, 세로 17cm)로 잘라준다. 2. 큰 크기의 스티로폼은 붕어빵 모양으로 자른다. 3. 스티로폼을 검은색 한지로 감싼 후 시트지로 한 번 더 감싸준다. 4. 붕어빵 상자 뚜껑 안쪽 부분에 스티로폼을 붙여준다. **[붕어빵]** 1. 붕어빵 도안을 펠트지 위에 그린 후 잘라서 2개를 겹쳐 고정시킨다. 2. 붕어빵 측면에 똑딱이 단추를 달아준다. **[붕어빵 맛]** 1. 펠트지 위에 타원형을 그린다. 2. 타원형을 자른 후 2개를 겹쳐 바느질을 한다. 3. 안에 솜을 넣어준다. **[붕어빵 봉투]** 1. 펠트지를 접어 봉투를 만든 후 바느질로 고정한다. 2. 봉투 겉면에 장식을 한다.		
활동방법	1. 숨겨놓은 붕어빵을 찾아본다. 2. 붕어빵에 대해 이야기 나눈다. 3. 붕어빵 놀이를 해본다. 4. 붕어빵 놀이를 한 후 이야기 나눈다.		

확장활동	수 · 조작활동영역과 연계하여 활동해 본다.

교구 사진

붕어빵 상자

붕어빵 틀 1

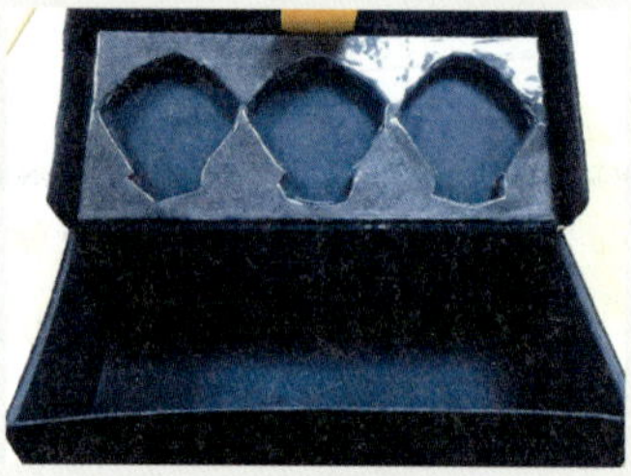
붕어빵 틀 2

붕어빵

붕어빵 맛

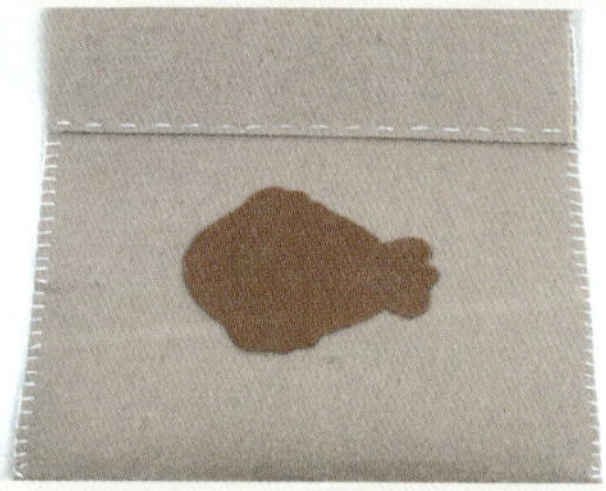
붕어빵 봉투

붕어빵 메뉴판

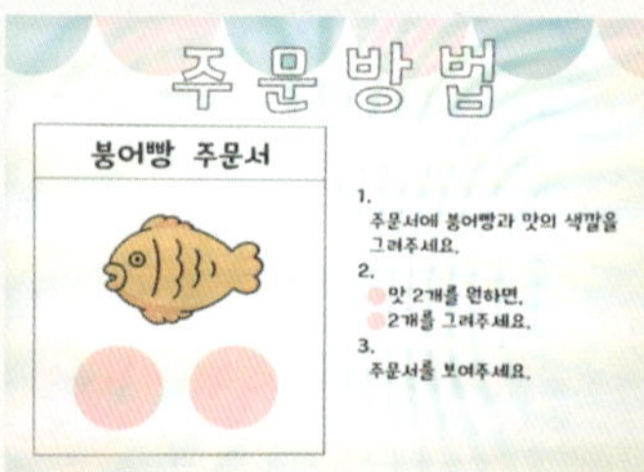

붕어빵 주문서

Teaching Materials & Methods for Childern

CHAPTER 7

신체운동 · 건강영역

활동 1 투호를 던져보아요

활동 주제	우리나라의 문화	대상 연령	만 4세
누리과정 관련 요소	• 신체운동 〉 신체활동에 참여하기 〉 자발적으로 신체활동에 참여하기 • 신체운동 〉 안전하게 생활하기 〉 안전하게 놀이하기		
활동목표	• 우리나라 전통문화에 대해 관심을 갖는다. • 투호 던지기 놀이에 적극적으로 참여한다.		
활동자료	전통 문양, 투호놀이에 관한 자료		
제작 재료	신문지, 한지, 골판지, 금색 종이, 전통 문양, 마스킹 테이프, 플라스틱 통, 글루건, 테이프, 가위, 우드락, 코팅지		
제작방법	**[투호 통]** 1. 플라스틱 통에 맞게 초록색 골판지를 자른다. 2. 자른 골판지를 플라스틱 통 위에 붙인다. 3. 투호 통의 위와 아래 부분에 금색 띠를 둘러준다. 4. 전통 문양을 색종이 위에 그려 자른 후 코팅한다. 5. 코팅한 문양을 투호 통 위에 붙여 꾸며준다. **[화살]** 1. 신문지를 얇게 여러 장 말아준다. 2. 신문지를 주황색 한지로 감싸 말아준다. 3. 초록색과 파란색 골판지에 화살의 깃 도안을 그린 후 자른다. 4. 깃을 화살에 붙여준다. 5. 마스킹 테이프로 화살의 윗부분을 감싸준다. 6. 화살의 앞부분을 폼폼이로 장식하여 완성한다. **[활동 설명판]** 1. 글자의 크기를 고려하여 설명글과 제목을 인쇄한다. 2. 인쇄한 내용을 코팅한 후 자른다. 3. 우드락에 코팅한 내용을 붙여준다. 4. 우드락의 끝을 테이프로 붙여 완성한다.		
활동방법	1. 전통놀이인 투호에 대해 알아본다. 2. 투호놀이에 대해 설명하고 유아에게 먼저 시범을 보인다. 3. 활동한 소감을 이야기 나누고 마무리한다. 4. 자유선택활동영역에 두어 자유롭게 놀이할 수 있도록 한다.		
확장활동	유아들이 다양한 전통놀이에 관심을 갖고 직접 체험해본다.		

교구 사진

투호 통

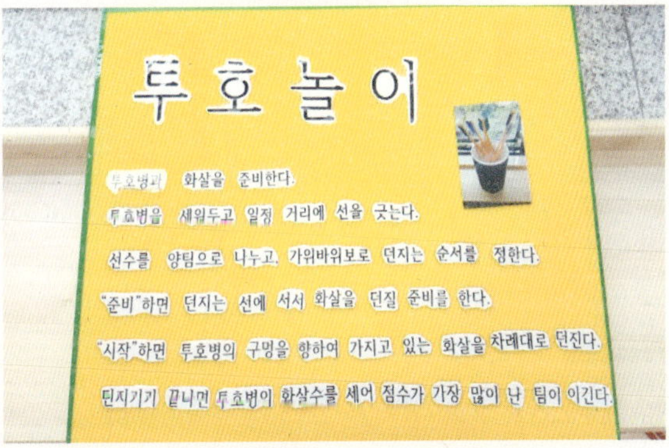

투호놀이 설명판

화살

완성 교구

활동 2 같은 놀이도구 찾기

활동 주제	우리나라의 전통문화	대상 연령	만 4세
누리과정 관련 요소	• 자연 탐구 〉 수학적 탐구하기 〉 기초적인 자료 수집과 결과 나타내기 • 사회관계 〉 사회에 관심 가지기 〉 우리나라에 관심 갖고 이해하기 • 신체운동 · 건강 〉 신체활동에 참여하기 〉 자발적으로 신체활동에 참여하기		
활동목표	• 우리나라의 다양한 전통놀이와 놀잇감에 대해 이해한다. • 친구와 함께 하는 신체활동에 적극적으로 참여한다.		
활동자료	카드 10개, 카드 바구니 2개, 규칙 판, 카드 바닥 판, 카드 보관함, 탬버린		
제작 재료	EVA, 코팅지, 놀이 사진자료, 놀잇감 사진자료, 보드마카, 하드보드지, 시트지, 테이프, 펠트지, 글루건, 가위, 양면테이프, 자, 칼		
제작방법	**[그림 카드]** 1. 전통놀이 사진과 전통 놀잇감의 자료를 찾는다. 2. 전통놀이 사진 밑에 글씨를 넣는다. 3. 인쇄한 그림을 사각형 모양으로 자른 후 코팅한다. 4. EVA를 그림 카드 크기로 자른다. 5. 코팅한 그림을 EVA에 붙인다. **[규칙 판]** 1. 하드보드지를 반으로 자른다. 2. 반으로 자른 하드보드지 사이에 2cm의 간격을 두고 펠트지로 붙인다. 3. 규칙 판에 붙일 글씨와 규칙을 인쇄한다. 4. 인쇄한 글씨와 규칙을 오린 후 코팅하여 다시 오린다. 5. 펠트지로 지붕을 만든다. 6. 펠트지로 덮은 하드보드지에 지붕을 붙이고 그 위에 글씨를 붙인다. 7. 박과 고추 등을 만들어 지붕 위를 꾸며준다. 8. 규칙을 순서에 맞게 붙인다. **[카드 판]** 1. 하드보드지 4개를 붙인다. 2. 하드보드지에 카드 크기에 맞춰 + 모양으로 테이프를 붙인 후 시트지를 붙인다. **[카드 보관함]** 1. 바구니를 흰색 펠트지로 감싼다. 2. 다양한 색의 펠트지로 윷, 연, 팽이 등을 만들어 3면을 꾸민다. 3. '카드 보관함'이라는 글자를 인쇄하여 글자 모양대로 오려준다. 4. 노란색 펠트지를 직사각형으로 잘라 남은 1면에 붙인다. 5. 노란색 펠트지 위에 오린 글자를 붙인다.		

활동방법	1. 전통놀이 체험마당에서 했던 전통놀이를 회상한다. 2. 카드를 보여 주며 놀이방법에 대해 이야기 나눈다. 3. 같은 놀이도구 찾기 활동을 한다. 4. 활동한 내용에 대해 이야기 나누며 활동을 마무리한다.
확장활동	• 전통놀이와 관련한 단어 따라 쓰기 • 전통놀이와 관련한 퀴즈
교구 사진	

그림 카드 1

그림 카드 2

카드 보관함

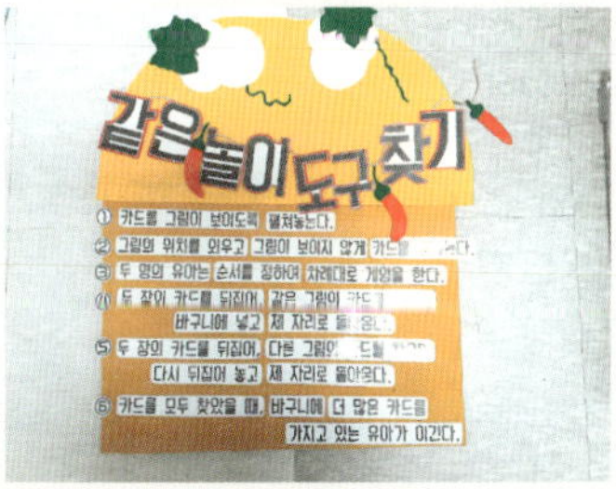

규칙 판

완성 교구

활동 3 12간지 비석치기

활동 주제	우리나라 문화	대상 연령	만 5세
누리과정 관련 요소	• 신체운동 · 건강 〉 신체 인식하기 〉 신체 각 부분을 협응하여 움직임을 조절한다. • 신체운동에 참여하기 〉 신체활동에 자발적으로 참여한다 〉 다른 사람과 함께하는 신체활동에 참여한다.		
활동목표	• 동물과 동물 울음소리를 안다. • 비석을 맞춤으로써 신체조절능력을 기른다. • 활동의 규칙을 지키며 즐겁게 참여한다.		
활동자료	12간지 동물그림 비석, 활동 카드, 활동 설명판		
제작 재료	우드락, 한지, 빈 상자, 하드보드지, 투명 시트지, 전통 문양, 12간지 그림, 테이프, 가위, 글루건, 펠트지, 코팅지, 풀, 테이프, 열선		
제작방법	[활동판] 1. 활동 순서를 인쇄한 후 오린다. 2. 노란색 우드락에 오린 글자를 붙인다. 3. 투명 시트지로 우드락 전체를 감싼다. 4. 제목 뒤에 우드락을 덧대어 붙인다. [비석] ■ 큰 비석 1. 빈 상자를 한지로 감싼다. 2. 12간지 그림을 코팅해서 상자에 붙인다. ■ 작은 비석 1. 상자에 맞게 하드보드지를 자른다. 2. 자른 하드보드지를 상자에 붙여 단단하게 만든다. 3. 노란색 한지를 상자에 붙인다. 4. 상자의 겉면은 전통 문양을 붙여 꾸민다. [활동 카드] 1. 활동 내용의 문구를 인쇄한 후 오린다. 2. 자른 문구 크기에 맞게 우드락을 자른다. 3. 우드락에 활동 카드를 붙인 뒤 투명한 시트지를 붙인다. 4. 투명한 시트지를 붙인 뒤 뒷면에 펠트지를 붙인다. 5. 카드 뒷면에 빨간색으로 물음표를 오려 붙인다.		
활동방법	1. 12간지 동물에 대해 이야기를 나눈다. 2. 교구를 소개한다. 3. 활동방법에 대해 이야기 나눈다. 4. 12간지 비석치기 활동을 해본다. 5. 활동을 하고 난 후 이야기를 나눈다.		

확장활동	활동 카드의 내용을 다양하게 만들어 신체를 이용한 활동을 한다.
교구 사진	 활동 카드  12간지 비석 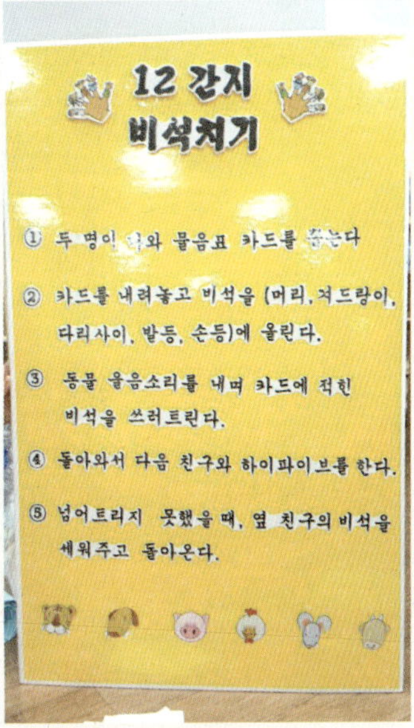 설명판  완성 교구

활동 4 12간지 미로 활동

<table>
<tr><td>활동 주제</td><td>우리나라의 전통 문화</td><td>대상 연령</td><td>만 5세</td></tr>
<tr><td>누리과정 관련 요소</td><td colspan="3">• 예술 경험 〉 예술 감상하기 〉 전통 예술 감상하기 〉 우리나라 전통에 관심을 갖고 친숙해진다.
• 신체운동 · 건강 〉 신체조절과 기본 운동하기 〉 신체조절하기 〉 신체의 각 부분의 움직임을 조절한다.
• 신체운동 · 건강 〉 신체활동에 참여하기 〉 자발적으로 신체활동에 참여하기 〉 신체활동에 자발적이고 지속적으로 참여한다.</td></tr>
<tr><td>활동목표</td><td colspan="3">• 12간지 동물에 대해 안다.
• 동물이 상징하는 의미를 이해한다.</td></tr>
<tr><td>활동자료</td><td colspan="3">미로 판, 동물 머리띠, 12간지 조각, 활동 설명 판</td></tr>
<tr><td>제작 재료</td><td colspan="3">가위, 풀, 글루건, 한지, 우드락, EVA, 12간지 도안, 테이프, 벨크로, 하드보드지, 고무줄, 펠트지, 테이프, 상자, 문양 도안, 설명 판 글자, 코팅지</td></tr>
<tr><td>제작방법</td><td colspan="3">[미로 판]
1. 우드락을 한지로 붙여준다.
2. 한지를 붙인 우드락 위에 출발과 도착 입구를 제외하고 테이프로 선을 표시한다.
3. 선이 생긴 우드락을 시트지로 붙인다.
4. 빨간색 화살표를 만든 후 출발 입구에 붙여 출발선을 표시한다.
[12간지 동물 머리띠]
1. 12간지 동물의 모양을 인쇄한 후 자른 다음 코팅한다.
2. 코팅한 동물 도안을 EVA에 붙인다.
3. EVA에 붙인 동물을 세로로 반을 자른다.
4. 반으로 자른 동물 뒤에 벨크로(까슬이)를 붙여 마무리한다.
5. 유아의 머리에 맞추어 고무줄로 크기를 조절하여 완성한다.
[활동 설명 판]
1. 12간지 동물 도안을 찾아 자른 후 코팅한다.
2. 코팅한 동물 도안을 EVA에 붙인다.
3. EVA에 붙인 동물을 세로로 반을 자른다.
4. 반으로 자른 동물 뒤에 벨크로(까슬이)를 붙여 마무리한다.</td></tr>
<tr><td>활동방법</td><td colspan="3">1. 12간지 동물에 대해 이야기 나눈다.
2. '열두 띠가 생겨난 이야기' 동화책을 읽은 후 이야기 나눈다.
3. 12간지 미로활동을 한다.
4. 12간지 미로활동을 한 느낌에 대해 이야기 나눈다.</td></tr>
</table>

확장활동	• 12간지 동물 역할놀이를 해본다. • 12간지 동물을 이용하여 찍기 활동을 해본다.

교구 사진

동물 머리띠

12간지 조각

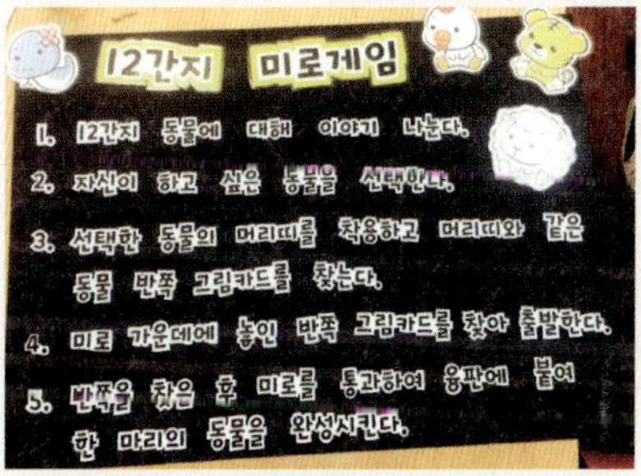

활동 설명 판

미로 판

활동 5 볼링놀이

<table>
<tr><td>활동 주제</td><td>건강과 안전</td><td>대상 연령</td><td>만 3세</td></tr>
<tr><td>누리과정
관련 요소</td><td colspan="3">• 신체운동 · 건강 〉 신체 인식하기 〉 신체를 인식하고 움직이기
• 신체운동 · 건강 〉 신체조절과 기본 운동하기 〉 신체조절하기
• 신체운동 · 건강 〉 안전하게 생활하기 〉 안전하게 놀이하기</td></tr>
<tr><td>활동목표</td><td colspan="3">몸을 이용해 볼링공을 굴려보고 대근육을 발달시킨다.</td></tr>
<tr><td>활동자료</td><td colspan="3">발판, 볼링판, 볼링핀, 공</td></tr>
<tr><td>제작 재료</td><td colspan="3">하드보드지, 색지, 스테이플러, 펠트지, 글루건, 요구르트 통</td></tr>
<tr><td>제작방법</td><td colspan="3">[발판]
1. 하드보드지 1장을 반으로 자른다.
2. 색지로 발 모양 2개를 만들어 하드보드지에 일정한 간격으로 붙인다.
3. 발 모양이 떼어지지 않게 투명 시트지를 붙인다.
[볼링판]
1. 하드보드지 1장을 준비한다.
2. 색지를 이용해 같은 크기의 동그라미를 만들어 자른다.
3. 1~6까지의 숫자를 만들어 동그라미 위에 붙이고 시트지로 감싼다.
[볼링핀]
1. 작은 물통이나 요구르트 통을 준비한다.
2. 펠트지로 통을 감싸고 양쪽 끝을 스테이플러로 고정한다.
3. 과일 모양을 만들어 펠트지로 감싸진 통 위에 붙인다.</td></tr>
<tr><td>활동방법</td><td colspan="3">1. 볼링놀이에 대해 이야기를 나눈다.
2. 볼링놀이방법과 규칙에 대해 이야기를 나눈다.
3. 볼링놀이를 한 소감에 대해 이야기를 나누고 칭찬과 격려를 한다.</td></tr>
<tr><td>확장활동</td><td colspan="3">볼링놀이를 한 후 힘들었던 점과 재미있었던 점을 이야기 나눈다.</td></tr>
<tr><td>교구 사진</td><td colspan="3">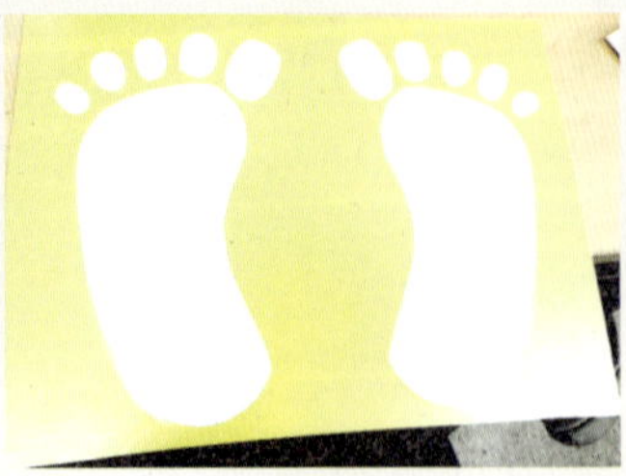
발판

볼링판</td></tr>
</table>

교구 사진

볼링핀 1

볼링핀 2

활동 6 따라해 보아요

<table>
<tr><th>활동 주제</th><td>몸으로 표현해요</td><th>대상 연령</th><td>만 5세</td></tr>
<tr><th>누리과정
관련 요소</th><td colspan="3">• 신체운동 · 건강 〉 신체 인식하기 〉 신체를 인식하고 움직이기
• 신체운동 · 건강 〉 신체조절과 기본 운동하기 〉 신체조절하기
• 신체운동 · 건강 〉 안전하게 생활하기 〉 안전하게 놀이하기
• 자연 탐구 〉 수학적 탐구하기 〉 수와 연산의 기초 개념 알아보기</td></tr>
<tr><th>활동목표</th><td colspan="3">• 주사위를 던져 나오는 숫자를 이해한다.
• 동작을 따라함으로써 다양한 동작을 안다.</td></tr>
<tr><th>활동자료</th><td colspan="3">말판, 주사위, 활동 말</td></tr>
<tr><th>제작 재료</th><td colspan="3">펠트지, 하드보드지, 시트지, A4 용지, 색연필, 접착 펠트지, 가위, 글루건</td></tr>
<tr><th>제작방법</th><td colspan="3">[말판]
1. A4 용지에 다양한 동작을 그린 후 색연필로 색칠한다.
2. 색칠한 그림을 오린다.
3. 머메이드지에 오린 그림을 붙인 후 펠트지에 붙인다.
[주사위]
1. 검은색의 펠트지로 주사위에 붙일 숫자 1, 2, 3을 2개씩 오린다.
2. 오린 숫자를 펠트지에 꿰맨다.
3. 구김을 방지하기 위해 펠트지 뒤에 하드보드지를 붙인다.
4. 같은 숫자끼리 마주보도록 하여 솜을 넣고 꿰맨다.
[활동 말]
접착 펠트지를 가로 3cm, 세로 3cm의 정사각형 모양으로 자른다.</td></tr>
<tr><th>활동방법</th><td colspan="3">1. 지난 시간 야외놀이활동에 대해 이야기 나누며 경험을 회상한다.
2. 교구를 소개한다.
3. 즐겁게 활동을 한다.
4. 활동한 소감에 대해 이야기 나눈다.</td></tr>
<tr><th>확장활동</th><td colspan="3">• 다른 동작과 연계해서 활동한다.
• 다양한 방법으로 말판을 만들어 활동한다.</td></tr>
<tr><th>교구 사진</th><td colspan="3">
말판 도안
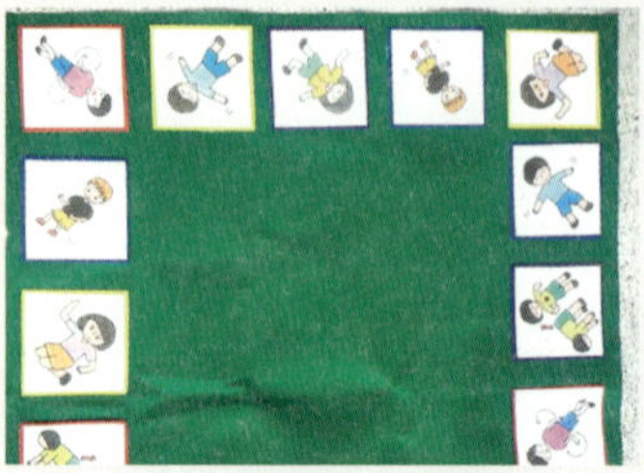
말판</td></tr>
</table>

교구 사진

주사위 1

주사위 2

완성 교구 1

완성 교구 2

완성 교구 3

활동 7 양치놀이

<table>
<tr><td>활동 주제</td><td>건강과 안전</td><td>대상 연령</td><td>만 4세</td></tr>
<tr><td>누리과정
관련 요소</td><td colspan="3">• 신체운동 · 건강 〉 신체 건강 인식하기 〉 건강한 치아관리
• 신체운동 · 건강 〉 신체활동에 참여하기 〉 자발적으로 참여하기</td></tr>
<tr><td>활동목표</td><td colspan="3">• 양치놀이활동을 통해 치아 닦는 습관을 기른다.
• 양치놀이활동에 적극적으로 참여한다.
• 치아에 좋은 음식과 나쁜 음식을 이해한다.</td></tr>
<tr><td>활동자료</td><td colspan="3">치아 모형, 그림판, 칫솔</td></tr>
<tr><td>제작 재료</td><td colspan="3">요거트 통, 페트병, 치아에 좋은 음식 사진, 치아에 나쁜 음식 사진, 가위, 칼, 풀, 글루건, 시트지, 보드마카, 하드보드지</td></tr>
<tr><td>제작방법</td><td colspan="3">1. 빈 요쿠르트병과 페트병을 하드보드지 위에 치아 모양으로 배열하여 붙인다.
2. 하드보드지로 주사위를 만들고 치아에 좋은 음식과 나쁜 음식의 사진을 붙인다.
3. 치아에 좋은 음식과 나쁜 음식의 사진을 인쇄한 후 하드보드지 위에 붙인다.</td></tr>
<tr><td>활동방법</td><td colspan="3">1. 치아 건강과 닦는 방법에 대해 이야기를 나눈다.
2. 치아에 좋은 음식과 나쁜 음식에 대해 이야기를 나눈다.
3. 활동방법에 대해 이야기를 나눈다.
• 주사위를 던져 나온 음식을 확인한다.
• 치아에 나쁜 음식이 나오면 치아 모형에 검은색을 칠해준다.
• 치아에 좋은 음식이 나오면 칫솔로 치아 모형을 닦아준다.
4. 활동 후 소감을 이야기 나눈다.</td></tr>
<tr><td>확장활동</td><td colspan="3">치아에 좋은 재료를 이용해 요리를 한다.</td></tr>
<tr><td>교구 사진</td><td colspan="3">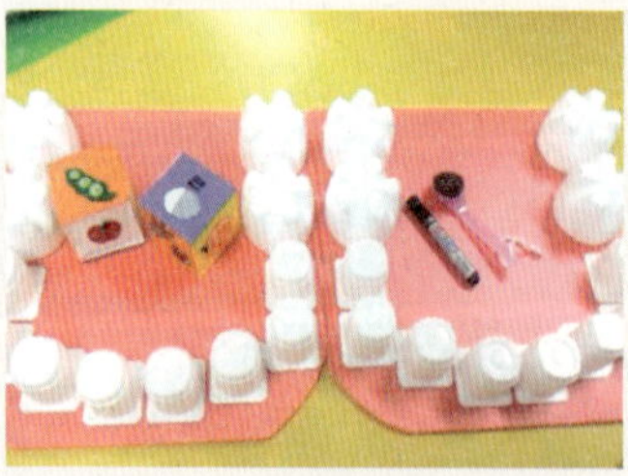
치아 모형

그림판</td></tr>
</table>

활동 8 감정을 표현해요

활동 주제	신체 건강	대상 연령	만 3세
누리과정 관련 요소	• 신체운동 · 건강 〉 신체 인식하기 〉 신체를 인식하고 움직이기 • 신체운동 · 건강 〉 신체조절과 기본 운동 하기 〉 신체조절하기, 기본 운동하기 • 신체운동 · 건강 〉 신체활동에 참여하기 〉 자발적으로 신체활동에 참여하기 • 자연 탐구 〉 수학적 탐구하기 〉 수와 연산의 기초 개념 알아보기		
활동목표	• 상황에 맞게 감정을 표현할 수 있다. • 활동을 통해서 규칙을 지킬 수 있다.		
활동자료	감정 표현이 그려져 있는 주사위, 감정 놀이판, 말, 규칙 판		
제작 재료	하드보드지, 그림 도안, 색지		
제작방법	[활동 판] 1. 검은색 하드보드지 위에 집을 붙이고 색지를 네모 모양으로 오려서 붙인다. 2. 색지로 길을 만들고 나무와 자동차를 그려서 오린 후 붙인다. 3. 어린이집을 그려서 오린 후 붙인다. 4. 감정 표현 활동 판 제목을 만들어 붙인다. 5. 유아의 도안을 오려서 말판을 만들고 뒷면에 빨대로 고정한다. 6. 만들어 놓은 감정 표현 활동 판을 검정색 하드보드지에 붙인다. [주사위] 1. 주사위 판에 '고마워', '미안해', '잘못했어' 그림을 붙인다. 2. 주사위 판을 접어서 주사위 모양을 만든다. [규칙 판] 활동 순서와 규칙을 인쇄한 후 오려서 파란색 하드보드지에 붙인다.		
활동방법	1. 감정과 감정 표현에 대해 이야기를 나눈다. 2. 활동방법과 규칙 판을 보며 이야기를 나눈다. • 친구와 가위바위보를 해서 이긴 팀과 진 팀으로 나눈다. • 주사위 던지는 순서를 정해서 활동을 시작한다. 3. 활동 후 소감에 대해 이야기를 나눈다.		
확장활동	상황에 맞게 고마움을 표시하고 인사말 나누기		

교구 사진

주사위 도안 1

주사위 도안 2

주사위 도안 3

주사위와 활동 판

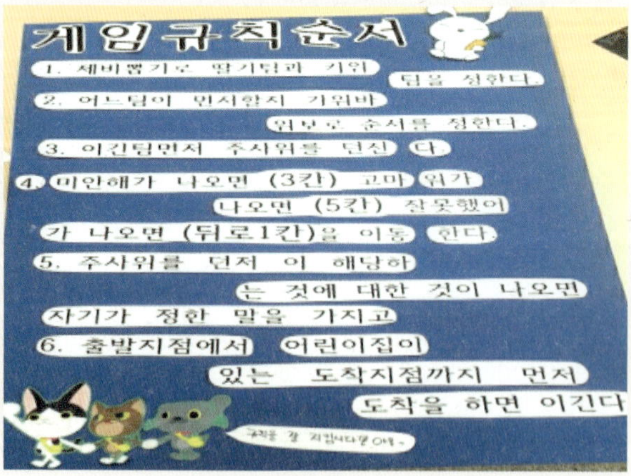

규칙 판

활동 9 동물 먹이 주기

<table>
<tr><th>활동 주제</th><td>신체 건강</td><th>대상 연령</th><td>만 3~4세</td></tr>
<tr><th>누리과정
관련 요소</th><td colspan="3">• 신체운동 · 건강 〉 신체 인식하기 〉 신체를 인식하고 움직이기
• 신체운동 · 건강 〉 신체조절과 기본 운동하기 〉 신체 조절하기, 기본 운동하기
• 신체운동 · 건강 〉 신체활동에 참여하기 〉 자발적으로 신체활동에 참여하기
• 자연 탐구 〉 수학적 탐구하기 〉 수와 연산의 기초 개념 알아보기</td></tr>
<tr><th>활동목표</th><td colspan="3">먹이를 던지는 활동을 함으로써 소근육을 발달시킬 수 있다.</td></tr>
<tr><th>활동자료</th><td colspan="3">먹이통, 동물 먹이, 받침대</td></tr>
<tr><th>제작 재료</th><td colspan="3">우드락, 테이프, 빈 용기, 폼폼이, 모루</td></tr>
<tr><th>제작방법</th><td colspan="3">1. 펠트지에 강아지 도안을 그려서 자른 후 눈, 코, 입을 잘라 붙여준다.
2. 같은 방법으로 고양이와 토끼도 만든다.
3. 동물 먹이 도안을 EVA 위에 그린 후 오려준다.
4. 동물 먹이인 당근과 생선의 겉면은 털실로 감싼다.
5. 동물 먹이통은 플라스틱 용기를 모루와 폼폼이로 꾸며준다.
6. 동물 먹이통 앞면은 동물 먹이를 붙여서 장식한다.
7. 완성한 동물 먹이통을 우드락 판 위에 붙인다.</td></tr>
<tr><th>활동방법</th><td colspan="3">1. 과거 동물을 보았던 경험을 회상한다.
2. 동물과 동물 먹이에 대해 이야기를 나눈다.
3. 활동방법과 규칙에 대해 이야기를 나눈다.
• 기준선에서 유아들이 먹이를 던져 먹이통에 넣는다.
4. 활동한 내용을 이야기 나누며 활동을 마무리한다.</td></tr>
<tr><th>확장활동</th><td colspan="3">동물 먹이주기 활동에 수 · 조작영역을 확장해 응용하기</td></tr>
<tr><th>교구 사진</th><td colspan="3">
먹이통 꾸미기 1

먹이통 꾸미기 2</td></tr>
</table>

교구 사진

먹이통 꾸미기 3

먹이통 꾸미기 4

동물 먹이통

동물 먹이

완성 교구

활동 10 던져보아요

활동 주제	신체 건강	대상 연령	만 3세
누리과정 관련 요소	• 신체운동 〉 신체조절과 기본 운동하기 〉 대근육 조절하기 〉 팔, 다리, 목, 허리 등 움직임을 조절한다. • 신체운동 〉 신체활동에 참여하기 〉 기구를 이용하여 신체활동 시도하기 〉 간단한 기구를 이용하여 신체활동을 시도한다.		
활동목표	• 공을 던지며 동작 기술을 익힌다. • 눈과 손의 협응력을 기른다.		
활동자료	공, 꽃 배경 판, 공 보관함		
제작 재료	스티로폼 공, 펠트지, 플라스틱 컵, 벨크로, 우드락, 펠트지, 모루		
제작방법	1. 우드락을 펠트지로 감싼다. 2. 흰색 펠트지를 동그랗게 잘라 꽃 본판을 만든 후, 테두리에 꽃잎을 두른다. 3. 벨크로(보슬이)를 꽃잎 본판에 붙인다. 4. 초록색 펠트지를 잎사귀 모양으로 자른 후 솜을 넣어 바느질한다. 5. 스티로폼 공을 색칠하고, 공 표면에 벨크로(보슬이)를 붙인다. 6. 플라스틱 컵을 펠트지로 감싸고 제목을 붙여 공 보관함을 완성한다.		
활동방법	1. 손 유희를 하며 주의집중한다. 2. 활동방법에 대해 이야기를 나눈다. • 분홍색 꽃에 공을 던질 팀과 노란색 꽃에 공을 던질 팀으로 나누어 활동한다. 3. 활동 후 소감에 대해 이야기를 나눈다.		
확장활동	실외에서 활동함으로써 적극적으로 영유아의 신체발달을 돕는다.		

교구 사진

꽃 본판

공

꽃 배경 판

완성 교구

활동 11 벚꽃 피우기

<table>
<tr><td>활동 주제</td><td>계절의 변화</td><td>대상 연령</td><td>만 3세</td></tr>
<tr><td>누리과정 관련 요소</td><td colspan="3">• 자연 탐구 〉 수학적 탐구하기 〉 수와 연산의 기초 개념 알아보기
• 사회관계 〉 다른 사람과 더불어 생활하기 〉 사회적 가치를 알고 지키기</td></tr>
<tr><td>활동목표</td><td colspan="3">• 계절 변화에 따른 벚꽃 나무의 변화에 관심을 가진다.
• 활동을 통해 수를 세어보는 경험을 가질 수 있다.</td></tr>
<tr><td>활동자료</td><td colspan="3">벚꽃 나무 2개, 벚꽃 담을 상자, 벚꽃, 주사위</td></tr>
<tr><td>제작 재료</td><td colspan="3">하드보드지, 부직포, 글루건, 가위</td></tr>
<tr><td>제작방법</td><td colspan="3">1. 노란색 하드보드지 위에 갈색 부직포로 나무기둥을 만들어 붙인다.
2. 꽃 모양을 부직포 위에 도안하고 오린 후 나뭇가지에 붙인다.
3. 빈 상자를 부직포로 감싸 꽃잎 보관함을 만든다.
4. 벚꽃은 상자 안에 나누어 넣는다.</td></tr>
<tr><td>활동방법</td><td colspan="3">1. 벚꽃을 본 경험에 대해 이야기 나눈다.
2. '벚꽃 피우기' 교구 및 활동방법을 소개한다.
3. '벚꽃 피우기' 활동의 주의사항에 대해 이야기 나눈다.
4. 유아들과 활동하며 상호작용을 한다.
5. 벚꽃이 핀 나무를 살펴보며 활동 후 소감에 대해 이야기를 나눈다.</td></tr>
<tr><td>확장활동</td><td colspan="3">• 물감 뿌리기 기법을 활용해 벚꽃나무 꾸미기를 한다.
• '벚꽃 피우기' 교구를 흥미영역에 두어 자유선택활동시간에 자유롭게 놀이한다.</td></tr>
<tr><td>교구 사진</td><td colspan="3">
벚꽃 나무 1

벚꽃 나무 2

벚꽃 보관 상자</td></tr>
</table>

활동 12 직업 사다리

활동 주제	우리를 도와주시는 분들	대상 연령	만 3세
누리과정 관련 요소	• 의사소통 〉 말하기 〉 느낌, 생각, 경험 말하기 • 사회관계 〉 사회에 관심 가지기 〉 지역사회에 관심 갖고 이해하기 • 자연 탐구 〉 수학적 탐구하기 〉 공간과 도형의 기초 개념 형성하기		
활동목표	• 자신의 경험을 말할 수 있다. • 직업과 관련된 기관을 이해할 수 있다.		
활동자료	장소 카드, 직업 카드, 활동 판, 카드 보관 상자		
제작 재료	하드보드지, 그림자료, 테이프, 보드마카, 글루건, 투명 시트지, 벨크로, 펠트지		
제작방법	1. 직업 카드와 장소를 출력한 후 코팅해 펠트지 위에 붙인다. 2. 뒷면에 벨크로를 붙인다. 3. 색지를 코팅하여 판을 만들고 펠트지로 지우개를 만든다. 4. 하드보드지로 직업 카드와 장소 카드를 보관할 수 있는 상자를 만든다.		
활동방법	1. 지난번 박람회의 경험을 이야기 나눈다. 2. 활동방법에 대해 이야기를 나눈다. • 한 친구가 먼저 문제를 낸다. • 상자에 있는 직업 카드를 붙여주고, 보드마카로 판에 사다리를 그린다. • 다른 친구는 사다리를 타고 내려가다가 도착한 곳에 장소 카드를 붙여준다. 3. 활동을 마무리하고 활동 후 소감에 대해 이야기를 나눈다.		
확장활동	다양한 직업의 종류를 이해하고 역할놀이를 해본다.		

교구 사진

장소 카드

직업 카드

카드 보관 상자

완성 교구

활동 13 찰칵찰칵 웃으며 찍어보아요

<table>
<tr><th>활동 주제</th><td>우리나라의 문화</td><th>대상 연령</th><td>만 5세</td></tr>
<tr><th>누리과정
관련 요소</th><td colspan="3">• 사회관계 〉 사회에 관심 가지기 〉 우리나라에 관심 갖고 이해하기
• 의사소통 〉 말하기 〉 느낌, 생각, 경험 말하기
• 신체운동 · 건강 〉 신체활동에 참여하기 〉 자발적으로 신체활동에 참여하기</td></tr>
<tr><th>활동목표</th><td colspan="3">• 우리나라의 전통, 역사, 문화에 대해 관심을 갖는다.
• 우리나라 전통놀이에 대해 말할 수 있다.</td></tr>
<tr><th>활동자료</th><td colspan="3">여자 · 남자 사진 배경 판</td></tr>
<tr><th>제작 재료</th><td colspan="3">폼보드, 글루건, 펠트지, 가위, 칼, 연필, 스팽글, 색종이, 백업, 솜, 우드락</td></tr>
<tr><th>제작방법</th><td colspan="3">[여자 사진 배경 판]
1. 폼보드에 얼굴 크기의 동그란 구멍을 뚫어준 후 베이지색 펠트지로 감싼다.
2. 검은색 펠트지에 족두리 모양을 그려서 자른 후 스팽글로 꾸며준다.
3. 전지에 저고리 모양을 그린 후 자르고, 노란색 펠트지에 모양을 그려 자른다.
4. 펠트지의 소매 크기에 맞춰 다양한 색상을 길게 2개씩 자른다.
5. 색동 띠를 양쪽 소매에 순서대로 붙여준다.
6. 흰색 펠트지와 갈색 펠트지를 길게 잘라 깃과 옷고름을 만든다.
7. 족두리와 저고리를 폼보드에 붙인다.
8. 빨간색 펠트지를 길이에 맞게 자른 후 붙인다.
9. 살구색 펠트지로 손을 만들어 준다.
10. 백업을 같은 크기로 4개 자른다.
11. 자른 백업을 반으로 잘라 반원 모양을 만들어 준 후 접착 펠트지로 붙인다.
12. 검은색 펠트지를 같은 크기로 자른 후, X 모양으로 오려 붙인다.
13. 백업으로 만든 윷을 폼보드에 붙인다.
[남자 사진 배경 판]
1. 폼보드에 얼굴 크기의 동그란 구멍을 뚫어준 후 베이지색 펠트지로 감싼다.
2. 파란색 펠트지로 모자를 만든 후 색종이를 잘라 꾸며준다.
3. 전지에 저고리 모양을 잘라 연한 하늘색 펠트지 위에 다시 모양을 그려 자른다.
4. 펠트지의 소매 크기에 맞춰 다양한 색상을 길게 2개씩 자른다.
5. 색동 띠를 양쪽 소매에 순서대로 붙인다.
6. 흰색 펠트지와 파란색 펠트지를 길게 잘라 깃과 옷고름을 만든다.
7. 저고리와 모자를 폼보드에 붙여준다.
8. 전지에 제기 차는 동작을 그린 후 오려준다.
9. 바지는 가장자리를 먼저 붙이고 생동감을 위해 솜을 넣어준다.
10. 검은색 펠트지로 고무신을 오려 붙여준다.
11. 살구색 펠트지로 손을 만들어 준다.
12. 펠트지를 가늘게 잘라 제기를 만든 후 바지 옆에 자연스럽게 붙인다.</td></tr>
</table>

활동방법	1. 원하는 그림 뒤에 가서 선다. 2. 구멍에 얼굴을 넣는다. 3. 웃으며 사진을 찍는다.
확장활동	• 사진판을 이용한 역할놀이 • 전통 놀이에 대해 이야기 나누기
교구 사진	 여자 사진 배경 판  남자 사진 배경 판  완성 교구 1  완성 교구 2

활동 14 동물 볼링

활동 주제	신체운동과 수 · 조작	대상 연령	만 4세
누리과정 관련 요소	• 신체운동 〉 신체조절과 기본 운동하기 〉 대근육 조절하기 〉 팔, 다리, 목, 허리 등 움직임을 조절한다. • 신체운동 〉 신체활동에 참여하기 〉 기구를 이용하여 신체활동 시도하기 〉 간단한 기구를 이용하여 신체활동을 시도한다.		
활동목표	• 눈과 손의 협응력을 기른다. • 친구들과 함께 함으로써 대집단활동을 할 수 있다.		
활동자료	볼링핀, 볼링공		
제작 재료	펠트지, 부직포, 하드보드지, 실, 바늘, 눈알, 페트병, 유성매직, 가위, 발, 글루건, 자, 시트지, 볼링공		
제작방법	1. 페트병을 부직포로 감싼다. 2. 토끼, 호랑이, 오리, 펜더, 강아지, 곰 등의 도안을 펠트지 위에 그린다. 3. 펠트지 위에 그린 동물 도안을 자른 후 꿰매고 눈알을 붙여 꾸며준다. 4. 분홍 부직포를 둘러싼 페트병과 완성된 동물의 얼굴을 볼링핀에 붙여준다.		
활동방법	1. 동물에 대해 이야기를 나눈다. 2. 볼링의 활동방법과 규칙에 대해 이야기를 나눈다. 3. 친구들과 즐겁게 활동을 한다. 4. 활동 후 소감을 이야기 나눈다.		
확장활동	수 · 조작영역과 연계하여 활동해본다.		
교구 사진	 완성 교구		

활동 15 나도 스파이더맨

활동 주제	동식물과 친해지기	대상 연령	만 4세
누리과정 관련 요소	• 신체운동 · 건강 〉 인체 인식하기 〉 신체 인식하고 움직이기 • 자연 탐구 〉 수학적 탐구하기 〉 공간과 도형의 기초 개념 알아보기		
활동목표	• 친구들과 협력하여 활동할 수 있다. • 대근육을 사용하여 신체를 조절할 수 있다.		
활동자료	주사위, 활동 판		
제작 재료	테이프, 하드보드지, 펠트지, 스펀지		
제작방법	[활동 판] 1. 검은색 테이프로 하드보드지를 연결한다. 2. 펠트지를 다양한 다양한 형태의 도형으로 오려 하드보드지 위에 붙인다. [주사위] 1. 펠트지로 정사각형을 만든다. 2. 형태를 고정하기 위해 펠트지 안에 스펀지를 넣고 마무리한다. 3. 글사를 오려서 만들어진 주사위 겉면에 붙여서 완성한다.		
활동방법	1. 교사가 제시하는 그림을 보고 무엇인지 맞힌다. 2. 활동하는 방법에 대해 이야기 나눈다. 3. 친구들과 즐겁게 활동을 한다. 4. 활동한 내용을 이야기하며 활동을 마무리한다.		
확장활동	다양한 형태에 관심을 가지고 직접 구성해본다.		
교구 사진	 완성 교구		

활동 16 한글을 몸으로 표현해요

활동 주제	우리나라의 상징	대상 연령	만 4세
누리과정 관련 요소	• 신체운동 · 건강 〉 신체 조절과 기본운동 하기 〉 기본 운동하기 〉 제자리에서 몸을 다양하게 움직인다. • 의사소통 〉 말하기 〉 낱말과 문장으로 말하기 〉 친숙한 낱말을 정확하게 발음해 본다.		
활동목표	• 자음과 모음을 표현할 수 있다. • 자음과 모음을 구별할 수 있다.		
활동자료	자음과 모음 보관 상자, 자음과 모음 카드		
제작 재료	상자 2개, 펠트지, 자음과 모음 낱말카드, EVA, 테이프, 벨크로		
제작방법	[글자 보관 상자] 1. 상자 윗면(뚜껑)에 손이 들어갈 수 있을 정도로 여유 있게 'ㅁ' 모양으로 자른다. 2. 자른 부분의 끝을 색 테이프로 감싼다. 3. 뚜껑을 펠트지로 감싼 후, EVA를 붙여준다. 4. 자음과 모음을 펠트지로 오려 만든 후 벨크로를 붙여준다. [글자카드] 1. 자음과 모음의 카드를 만든 후 보관 상자와 같은 색의 테두리를 붙여준다. 2. 자음과 모음을 테두리 모양대로 자른 후 코팅을 한다. 3. 카드의 윗면에 구멍을 뚫어 링으로 연결한다.		
활동방법	1. 궁금이 상자에서 자음과 모음 카드를 뽑고 자음과 모음을 알아본다. 2. 자음, 모음과 관련된 퀴즈를 제시한다. 3. 자음과 모음을 몸으로 표현한다. 4. 활동한 내용에 대해 이야기 나누며 활동을 마무리한다.		
확장활동	자음과 모음을 활용해 다양한 단어를 구성해본다.		
교구 사진	 자음과 모음 보관 상자	 자음과 모음 카드	

Teaching Materials & Methods for Childern

CHAPTER 8

언어영역

활동 1 금도끼 은도끼

활동 주제	우리나라 전래동화	대상 연령	만 3세
누리과정 관련 요소	• 의사소통 〉 듣기 〉 동요, 동시, 동화 듣고 이해하기 〉 동요, 동시, 동화를 다양한 방법으로 듣고 즐긴다. • 의사소통 〉 듣기 〉 이야기를 듣고 이해하기 〉 다른 사람의 이야기를 관심 있게 듣는다. • 의사소통 〉 말하기 〉 느낌, 생각, 경험 말하기 〉 자신의 느낌, 생각, 경험을 말해본다.		
활동목표	• 우리나라 전래동화의 내용을 이해할 수 있다. • 전래동화를 듣고 난 후 자신의 느낌을 말할 수 있다.		
활동자료	막대 동화자료		
제작 재료	한지, EVA, 나무 막대기, 코팅지, 가위, 양면테이프, 우드락, 글루건		
제작방법	**[인물 막대기]** 1. 동화 속 인물들을 인쇄한 후 코팅한다. 2. 코팅한 인물들을 자른 후 EVA에 붙인 후 자른다. 3. 자른 EVA에 나무 막대기를 붙인다. **[배경 화면]** 1. 우드락을 연두색과 하얀색 한지로 붙여서 배경판의 바탕을 만든다. 2. 배경판 오른쪽에 파란색 한지를 잘라서 연못을 만들어준다. 3. 연못 주위에 회색 한지로 돌 모양을 만들어 꾸며준다. 4. 하얀색 한지를 붙인 곳에는 큰 산과 작은 산을 만들어 붙인다. 5. 파란색 한지를 구겨서 구름을 만들어 붙인다. 6. 우드락 위에 한지로 나무와 나뭇잎을 만들어 붙인다.		
활동방법	1. 금도끼 은도끼 동화를 듣고 이야기를 나눈다. 2. 막대 인형을 이용해 움직이는 동화를 만들어 본다. 3. 활동한 내용을 이야기 나누며 활동을 마무리한다.		
확장활동	• 동화를 듣고 유아 자신의 생각을 발표해본다. • 막대 인형을 이용해 동화책에 나오는 나무꾼의 역할놀이를 해본다.		
교구 사진	 나무 막대	 완성 교구	

활동 2 한복 입히기를 해보아요

활동 주제	우리나라의 상징	대상 연령	만 3세
누리과정 관련 요소	• 사회관계 〉 사회적 지식 〉 우리나라에 관심 가지고 이해하기 〉 우리나라를 상징하는 것을 안다. • 의사소통 〉 읽기 〉 읽어주는 글의 내용 이해하기 〉 읽어주는 내용에 대해 서로 이야기 나눈다.		
활동목표	• 우리나라 전통 의상을 이해할 수 있다. • 여자 한복과 남자 한복을 비교할 수 있다. • 여자 한복과 남자 한복을 순서대로 입힐 수 있다.		
활동자료	여자 · 남자 한복 입히기 활동 판		
제작 재료	우드락, 하드보드지, 코팅지, 한지, 시트지, 글루건, 칼, 가위, 고리, 송곳, 풀, 여자 한복 그림자료, 남자 한복 그림자료		
제작방법	**[여자 · 남자 한복 입히기 활동 판]** 1. 그림자료를 오려서 코팅한 후 EVA를 붙이고 뒷면에 보슬이를 붙인다. 2. 그림자 그림에 까슬이를 붙인다. 3. 8절 크기의 하드보드지와 우드락으로 남자, 여자의 판을 각각 3개씩 만든다. 4. 표지는 파란색과 빨간색 한지를 붙인다. 5. 첫 번째 판에는 사람 도안과 한복 입는 순서를 붙인다. 6. 두 번째 판에는 한복의 그림자를 붙인다. 7. 세 번째 판에는 한복의 각 명칭과 설명을 붙인다. 8. 투명 시트지로 싸준 후 구멍을 뚫고 고리를 껴준다.		
활동방법	1. 한복을 입은 사진을 제시하며 한복에 대해 이야기 나눈다. 2. 여자 · 남자 한복 입히기 활동 판을 제시한 후 자유롭게 입혀볼 수 있도록 한다. 3. 올바른 한복 입는 방법을 제시하고 순서대로 입힐 수 있도록 도움을 준다. 4. 활동을 마무리한 후 소감을 이야기 나눈다.		
확장활동	남자 한복과 여자 한복의 차이점을 알고 전통 문양을 응용해서 꾸며본다.		
교구 사진	 한복 입히기 판 표지		

교구 사진

한복 입히기 판 1

한복 입히기 판 2

활동 3 어떤 글자가 나타날까

<table>
<tr><th>활동 주제</th><td>우리나라의 상징</td><th>대상 연령</th><td>만 4세</td></tr>
<tr><th>누리과정
관련 요소</th><td colspan="3">• 의사소통 〉 듣기 〉 낱말과 문장 듣고 이해하기 〉 다양한 낱말과 문장을 듣고 뜻을 이해한다.
• 의사소통 〉 말하기 〉 낱말과 문장 말하기 〉 정확한 발음으로 말한다.</td></tr>
<tr><th>활동목표</th><td colspan="3">• 우리나라 전통 문화에 대해 이해할 수 있다.
• 자석의 원리에 호기심을 가지고 활동에 즐겁게 참여한다.</td></tr>
<tr><th>활동자료</th><td colspan="3">철가루 판, 자석 글자판</td></tr>
<tr><th>제작 재료</th><td colspan="3">하드보드지, 색지, OHP 필름, 시트지, 고무자석판, 철가루, 가위, 칼, 풀, 글루건, 접착제, 테이프, 코팅지</td></tr>
<tr><th>제작방법</th><td colspan="3">[철가루 판]
1. 하드보드지는 2개의 직사각형을 뚫어준다.
2. 구멍을 뚫은 하드보드지 위에 OHP 필름을 붙인다.
3. 윗면을 밀봉하기 전 철가루를 넣어준다.
4. 밀봉 후 철가루가 나오지 않도록 테이프로 막아준다.
[자석 글자판]
1. 하드보드지 위에 단어 자석을 붙여 색지로 덮어준다.
2. 단어 자석과 같은 내용의 그림을 윗부분의 색지 위에 붙여준다.</td></tr>
<tr><th>활동방법</th><td colspan="3">1. 전통 문화와 관련된 단어와 낱말에 대해 이야기를 나눈다.
2. 수수께끼를 통해 전통과 관련된 단어를 맞추어본다.
3. 철가루 상자를 이용해 정답이 맞는지 확인한다.
4. 활동을 회상하며 이야기를 나눈다.</td></tr>
<tr><th>확장활동</th><td colspan="3">현장학습을 통해 전통 문화를 직접 체험해본다.</td></tr>
<tr><th>교구 사진</th><td colspan="3">

완성 교구 1

완성 교구 2</td></tr>
</table>

활동 4 전통 악기를 알아보아요

활동 주제	우리나라의 문화	대상 연령	만 4세
누리과정 관련 요소	• 사회관계 〉 사회에 관심 가지기 〉 우리나라에 관심 갖고 이해하기 〉 우리나라의 전통놀이와 풍습에 관심을 갖는다. • 의사소통 〉 말하기 〉 낱말과 문장으로 말하기 〉 친숙한 낱말을 정확하게 발음해본다.		
활동목표	• 전통 악기에 대해 이해할 수 있다. • 전통 악기를 연주할 수 있다. • 우리나라 전통 악기에 대해 긍정적인 태도를 가진다.		
활동자료	전통 악기 활동판		
제작 재료	하드보드지, 투명시트지, 머메이드지, 까슬이, 보슬이, 고리, 그림자료, 가위, 풀, 글루건, 자, 테이프		
제작방법	1. 하드보드지는 머메이드지로 양면을 붙인다. 2. 하드보드지 위에 한지를 붙여서 꾸민다. 3. 표지는 활동명과 그림자료를 붙여서 완성한다. 4. 연주 모습과 낱말 카드를 붙일 공간을 2가지 색의 종이로 구분한다. 5. 각 공간에 보슬이를 2줄씩 붙인다. 6. 보슬이 위에 낱말 카드와 연주 모습의 사진을 붙인다. 7. 노란색 머메이드지를 정사각형으로 자른다. 8. 정사각형의 머메이드지 위에 4가지의 악기 사진을 붙인 후 시트지를 붙인다. 9. 구멍을 뚫어 고리로 연결한 다음 투명 시트지를 붙인다.		
활동방법	1. 전통 악기 소리를 듣는다. 2. 악기 사진과 소리를 맞추어 보고 연주하는 모습을 흉내 내본다. 3. 악기 사진에 알맞은 글자와 사진을 붙인다. 4. 활동한 소감에 대해 이야기 나눈다.		
확장활동	• 전통 악기 연주하는 방법을 알아본다. • 전통 악기 연주를 해본다.		
교구 사진	 완성 교구 1  완성 교구 2		

활동 5 탈에 대해 알아보아요

<table>
<tr><td>활동 주제</td><td>우리나라의 문화</td><td>대상 연령</td><td>만 5세</td></tr>
<tr><td>누리과정 관련 요소</td><td colspan="3">• 사회적 지식 〉 우리나라에 관심 가지고 이해하기 〉 우리나라를 상징하는 것을 안다.
• 사회적 지식 〉 우리나라에 관심 가지고 이해하기 〉 우리나라 명절과 풍습 등의 전통문화에 대하여 알아보고 경험한다.</td></tr>
<tr><td>활동목표</td><td colspan="3">• 탈의 종류와 특징을 구별할 수 있다.
• 우리나라의 문화와 예술에 관심을 갖는다.</td></tr>
<tr><td>활동자료</td><td colspan="3">우리나라 지도, 탈 사진자료, 설명판</td></tr>
<tr><td>제작 재료</td><td colspan="3">우드락, 하드보드지, 한지, EVA, 지도, 가위, 풀, 테이프, 글루건</td></tr>
<tr><td>제작방법</td><td colspan="3">1. 우리나라 지도를 지역별로 구분한다.
2. 구분한 지역에 각각 다른 색의 한지를 붙인다.
3. 지역별로 대표적인 탈을 인쇄한 후 코팅한다.
4. 탈 그림의 뒷면에 EVA를 붙여준다.
5. EVA 뒤에 까슬이와 보슬이를 붙여준다.
6. 설명의 글을 인쇄한 후 코팅을 해준다.
7. 코팅한 설명글을 붙인 후 위에 탈 그림도 붙여순다.</td></tr>
<tr><td>활동방법</td><td colspan="3">1. 우리나라 지도에 대해 이야기 나눈다.
2. 탈의 종류와 생김새에 대해 이야기 나눈다.
3. 그림판에 지역별로 알맞은 탈을 붙인다.
4. 활동한 소감에 대해 이야기를 나눈다.</td></tr>
<tr><td>확장활동</td><td colspan="3">탈을 꾸며서 친구들과 탈춤놀이를 한다.</td></tr>
<tr><td>교구 사진</td><td colspan="3">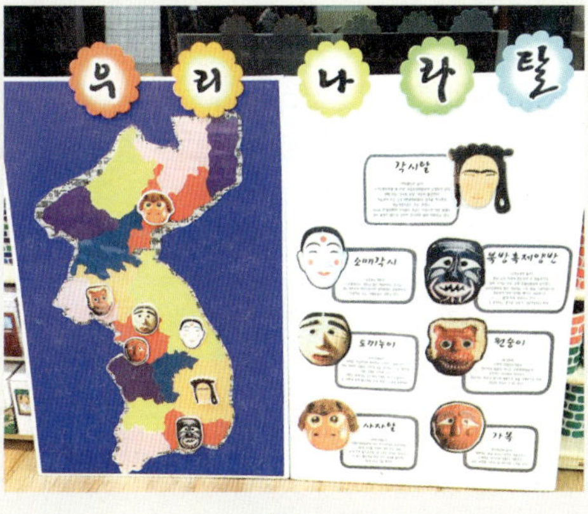

완성 교구</td></tr>
</table>

활동 6 전통 장신구를 알아보아요

활동 주제	우리나라의 문화	대상 연령	만 3세
누리과정 관련 요소	• 의사소통 〉 말하기 〉 느낌, 생각, 경험 말하기 • 의사소통 〉 읽기 〉 읽기에 흥미 가지기		
활동목표	• 우리나라의 장신구에 대해 이야기 나눈다. • 우리나라 장신구의 착용법과 사용법에 대해 알아본다.		
활동자료	청사초롱, 노리개, 족두리		
제작 재료	색종이, 풀, 지끈, 글루건, 한지, 우유 상자, 스팽글, 토끼 그림자료, 낚싯줄, 우드락, 수수깡, 폼폼이, 코팅지, 가위, 칼, 나무젓가락, 테이프		
제작방법	**[청사초롱]** 1. 우유 상자를 깨끗이 씻은 후 말린다. 2. 우유 상자 겉면에 한지를 붙인다. 3. 한지를 붙인 후 윗부분에 낚싯줄을 붙이고 폼폼이로 장식한다. 4. 토끼 그림자료를 코팅을 한 뒤 자른 다음 낚싯줄을 붙인다. 5. 낚싯줄에 코팅한 그림자료를 붙인다. 6. 나무젓가락 두 개를 붙인 다음 테이프로 감싼다. 7. 나무젓가락 위에 문양자료를 알맞게 자른 뒤 붙이고 폼폼이로 장식한다. 8. 나무젓가락과 청사초롱을 붙여준다. **[노리개]** 1. 색종이 접기를 하여 딱지를 접는다. 2. 접은 색종이 딱지 위에 스팽글이나 폼폼이를 붙여 꾸며준다. 3. 지끈을 알맞은 크기로 자른 뒤 끝을 풀어준 다음 딱지 모서리에 붙여준다. 4. 지끈을 알맞은 길이로 자른 뒤 윗부분에 고리 모양으로 붙여준다. **[족두리]** 1. 전통 문양의 그림 자료를 찾는다. 2. 한지를 가로 16cm, 세로 5cm 크기로 잘라서 족두리의 옆 부분을 만든다. 3. 족두리 앞부분은 둥글게 접어서 말아준다. 4. 초록색, 빨간색, 노란색 색종이를 가로, 세로 각 3cm 크기로 18개 만든다. 5. 자른 색종이를 족두리에 붙인다. 6. 완성된 족두리는 다양한 재료로 꾸며준다.		
활동방법	1. 우리나라의 장신구를 보여 주며 이야기를 나눈다. 2. 유아들이 자유롭게 탐색할 수 있도록 한다. 3. 유아들이 꾸민 장신구를 활용해 극놀이를 해본다.		

확장활동	• 우리나라 장신구의 이름을 따라 써보는 활동을 해본다. • 우리나라 장신구를 활용하여 역할놀이를 해본다.
교구 사진	 노리개  족두리  완성 교구

활동 7 동물 농장

활동 주제	동식물과 친해지기	대상 연령	만 2세
누리과정 관련 요소	• 언어 〉 의사소통 〉 단어 정확하게 말해보기 • 언어 〉 놀이 참여하기 〉 단어놀이하기		
활동목표	• 동물의 울음소리를 듣고 어떤 동물인지 알 수 있다. • 여러 가지 동물에 대해 알아보고 이야기해본다.		
활동자료	막대 인형, 그림 액자		
제작 재료	OHP 필름, 빨대, 테이프, 코팅지, 매직, 우드락		
제작방법	1. OHP 필름 위에 동물 그림을 인쇄한다. 2. 인쇄한 동물을 유성매직으로 색칠한 후 자른다. 3. 자른 동물과 빨대를 연결한다. 4. OHP 필름에 농장 그림을 그린다. 5. 우드락의 가운데를 뚫어 농장 그림을 그린 OHP 필름을 붙여서 고정한다.		
활동방법	1. 동물들의 생김새를 알아보고 울음소리를 흉내 낸다. 2. 동물 울음소리 녹음을 들려주고 농장 위에 동물을 올려보는 활동을 한다. 3. 한 번씩 번갈아가면서 농장 위에 동물 올려놓는 활동을 반복한다. 4. 활동 후 소감을 이야기 나눈다.		
확장활동	농장을 견학하고 동물의 울음을 소리와 동작, 생김새 등을 직접 체험해본다.		
교구 사진	 막대 인형	 그림 액자	

활동 8

낱말을 바르게 넣어요

<table>
<tr><td>활동 주제</td><td>우리나라의 상징</td><td>대상 연령</td><td>만 4~5세</td></tr>
<tr><td>누리과정 관련 요소</td><td colspan="3">• 의사소통 〉 읽기 〉 읽기에 흥미 가지기 〉 낱말을 보고 읽어봐요.
• 의사소통 〉 듣기 〉 낱말과 문장 듣고 이해하기 〉 친구들이 말하는 낱말을 듣고 알아요.
• 의사소통 〉 말하기 〉 낱말과 문장으로 말하기 〉 카드 속 낱말을 보고 말해요.</td></tr>
<tr><td>활동목표</td><td colspan="3">• 카드에 적힌 낱말을 보고 읽고 말할 수 있다.
• 카드에 그려져 있는 그림을 보고 낱말을 이야기할 수 있다.
• 친구가 말한 낱말을 듣고 이해할 수 있다.
• 낱말과 그림을 연관 지을 수 있다.</td></tr>
<tr><td>활동자료</td><td colspan="3">낱말 카드, 낱말 카드 상자, 칩</td></tr>
<tr><td>제작 재료</td><td colspan="3">펠트지, 시트지, 우유 상자, A4 용지, 코팅지, 찍찍이, 글루건, 가위</td></tr>
<tr><td>제작방법</td><td colspan="3">[낱말 카드]
1. 가, 나, 다, 라… 타, 파, 하로 시작하는 단어를 각각 3가지 고른다.
2. 고른 단어의 도안을 붙이고 가로 5cm, 세로 9cm 크기로 인쇄한다.
3. 인쇄한 종이를 크기에 맞게 오린 후 코팅한다.
[낱말 카드 상자]
1. 우유 상자를 깨끗이 세척한다.
2. 세척한 우유 상자 안면을 흰색 시트지로 붙인다.
3. 우유 상자의 바깥 면을 펠트지로 붙인다.
4. 단어를 우유 상자에 붙인다.
5. 단어로 장식한 우유 상자들을 찍찍이로 연결한다.</td></tr>
<tr><td>활동방법</td><td colspan="3">1. '리' 자로 끝나는 말 동요 음에 맞춰 가, 나, 다… 로 시작하는 말 노래를 부르고 시작하는 단어와 끝나는 단어에 대해 이야기 나눈다.
2. '낱말을 바르게 넣어요' 교구를 소개한다.
3. '낱말을 바르게 넣어요' 교구를 이용하여 활동을 한다.
4. '낱말을 바르게 넣어요' 활동 소감을 이야기 나눈다.</td></tr>
<tr><td>확장활동</td><td colspan="3">자음과 모음을 활용해 친구들의 이름을 구성해본다.</td></tr>
<tr><td>교구 사진</td><td colspan="3">

낱말 카드 상자

낱말 카드</td></tr>
</table>

활동 9 그림을 보고 단어를 맞혀요

활동 주제	우리나라의 상징	대상 연령	만 2세
누리과정 관련 요소	• 언어 〉 의사소통 〉 단어 정확하게 말해보기 • 언어 〉 놀이 참여하기 〉 단어놀이하기		
활동목표	• 다양한 어휘를 사용해서 말할 수 있다. • 단어 맞히기 활동에 적극적으로 참여한다.		
활동자료	그림 카드, 낱말 카드		
제작 재료	색지, 하드보드지, 펀치, 고리, 코팅지, 그림자료		
제작방법	1. 그림자료를 인쇄한 후 코팅한다. 2. 낱말 카드를 만들고 구멍을 뚫고 하드보드지에 붙인다. 3. 낱말 카드와 그림 카드를 투명 시트지로 감싼다.		
활동방법	1. 주변의 사물이나 도구에 대해 이야기를 나눈다. 2. 활동방법에 대해 이야기를 나눈다. • 팀을 나누어서 각 팀에서 한 명씩 나온다. • 그림 카드를 보고 단어를 빨리 맞히는 사람이 카드를 넘긴다. 3. 활동 후 소감에 대해 이야기를 나눈다.		
확장활동	유아가 직접 그린 그림의 퍼즐 맞추기를 해본다.		
교구 사진	 그림 카드 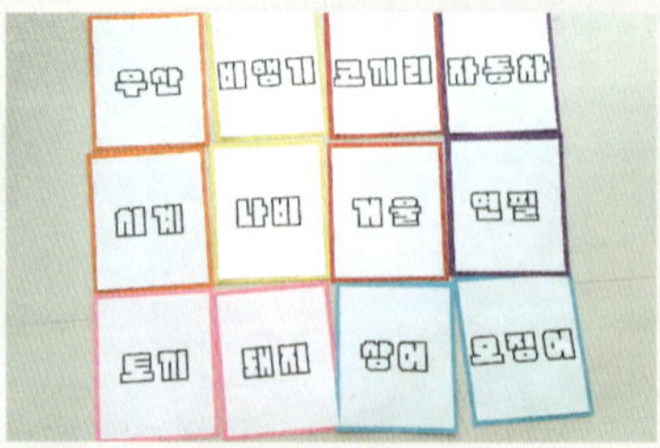 낱말 카드		

활동 10 빙고활동

활동 주제	의사소통	대상 연령	만 2세
누리과정 관련 요소	• 의사소통 〉 듣기 〉 낱말과 문장 듣고 이해하기 • 의사소통 〉 말하기 〉 낱말과 문장으로 말하기		
활동목표	• 과일과 연관된 글자를 이해할 수 있다. • 활동 규칙을 이해하고 순서대로 활동할 수 있다. • 여름 과일과 관련된 그림과 글자를 익힐 수 있다.		
활동자료	빙고판, 과일 카드		
제작 재료	하드보드지, 우드락, 모루, 노끈, 폼폼이, 글루건, 과일 그림자료		
제작방법	[빙고판] 1. 빨간색과 노란색 하드보드지에 가로, 세로 13cm 길이의 선 9개를 그린다. 2. 선 위에 각각 노란색과 빨간색의 노끈을 붙인다. 3. 하드보드지의 테두리에 각각 노란색과 빨간색의 모루를 붙여서 완성한다. [과일 카드] 1. 분홍색과 파란색 우드락을 가로, 세로 9cm 크기로 9개 자른다. 2. 여름 과일과 음식 사진들을 인쇄한다. 3. 인쇄한 음식 사진을 가위로 오린 뒤, 우드락 위에 붙인다.		
활동방법	1. 여름 과일에 대해 이야기를 나눈다. 2. 활동방법에 대해 이야기를 나눈다. • 교사가 두 친구에게 카드를 주면 빙고판에 자유롭게 둔다. • 가위바위보를 해서 순서를 정하고 카드에 적혀 있는 과일 이름을 말한다. • 해당하는 과일 카드가 자신에게 있으면 찾아서 뒤집는다. • 모든 카드를 뒤집고 먼저 '빙고'라고 말한다. 3. 활동 후 소감에 대해 이야기를 나눈다.		
확장활동	계절과 관련된 음식뿐만 아니라 사물에도 관심을 갖고 활동해본다.		
교구 사진	 그림 카드 1  그림 카드 2  완성 교구		

CHAPTER 8 언어영역

활동 11 친구와 사이좋게 지내요

활동 주제	우리 이웃	대상 연령	만 3세
누리과정 관련 요소	• 사회관계 〉 나와 다른 사람의 감정 알고 조절하기 〉 나와 다른 사람의 감정 알고 표현하기 • 사회관계 〉 다른 사람과 더불어 생활하기 〉 친구와 사이좋게 지내기		
활동목표	• 상황에 맞는 표정을 찾을 수 있다. • 상황에 따른 감정을 표현할 수 있다.		
활동자료	다양한 상황의 감정 그림판, 감정 카드		
제작 재료	하드보드지, 투명 시트지, 색지, 가위, 칼		
제작방법	1. 다양한 상황의 그림 카드를 인쇄한 후 하드보드지 위에 제목과 함께 붙인다. 2. 그림 카드를 투명 시트지로 감싼다. 3. 얼굴 표정 카드를 색지로 만들어 꾸미고 뒷면에 찍찍이를 붙인다.		
활동방법	1. 다양한 감정과 표정에 대해 이야기를 나눈다. 2. 활동방법에 대해 이야기를 나눈다. 3. 제시된 그림의 상황에 맞게 표정 카드를 붙인다. 4. 활동 후 소감에 대해 이야기를 나눈다.		
확장활동	다양한 표정의 가면과 탈을 만들어 본다.		
교구 사진	 감정 카드  상황 감정 그림판		

활동 12 편지를 전해요

활동 주제	우리 동네	대상 연령	만 5세
누리과정 관련 요소	• 의사소통 〉 쓰기 〉 쓰기에 관심 가지기 • 의사소통 〉 읽기 〉 읽기에 흥미 가지기		
활동목표	• 편지의 구성을 안다. • 자신의 생각을 글로 표현할 수 있다. • 질서를 지켜 활동에 참여한다.		
활동자료	우체통, 편지지, 편지지 예시판		
제작 재료	하드보드지, 칼, 풀, 가위, 글루건, 마스킹테이프, 시트지, A4 용지		
제작방법	**[우체통]** 1. 빨간색 하드보드지로 상자를 만든다. 2. 만든 상자의 윗부분을 직사각형 형태로 잘라준다. 3. 만든 상자의 아랫부분을 열고 닫을 수 있도록 칼집을 낸다. 4. 열고 닫는 부분의 끝을 반원으로 잘라준다. 5. 만든 상자 위에 우체국 로고와 제목 등을 붙여준다. 6. 빈 과자 통을 빨간색 시트지로 감싸 기둥을 만들어 상자와 연결한다. 7. 빨간색 시트지를 기둥과 연결하여 받침대를 만든다. 8. 상자의 가장자리를 색테이프로 감싸고 우체통을 완성한다. 9. 우체통의 옆면에 작은 상자를 만들어 붙인다. **[편지지 예시판]** 1. 분홍색 하드보드지 위에 A4 용지를 붙인다. 2. 인쇄한 그림과 글씨를 붙인 후, 투명 시트지로 감싼다.		
활동방법	1. 우체국과 우체국에서 하는 일에 대해 이야기를 나눈다. 2. 편지 쓰는 방법에 대해 이야기를 나눈다. 3. 편지를 쓰고 우체통에 넣는 활동을 한다. 4. 활동한 내용을 되돌아보며 활동을 마무리한다.		
확장활동	• 직접 쓴 편지를 배달해보는 활동을 한다. • 각자의 방법으로 다양하게 우표를 만들어본다.		
교구 사진	 우체통  편지지 예시판		

활동 13 여름과 관련된 단어를 찾아보아요

<table>
<tr><td>활동 주제</td><td>여름</td><td>대상 연령</td><td>만 4세</td></tr>
<tr><td>누리과정 관련 요소</td><td colspan="3">• 말하기 〉 낱말과 문장으로 말하기 〉 친숙한 낱말을 정확하게 발음해본다.
• 듣기 〉 낱말과 문장 듣고 이해하기 〉 낱말의 발음에 관심을 가지고 듣는다.</td></tr>
<tr><td>활동목표</td><td colspan="3">• 그림 카드에 적힌 단어를 보고 읽을 수 있다.
• 낱말의 의미를 이해할 수 있다.</td></tr>
<tr><td>활동자료</td><td colspan="3">그림 낱말 카드, 단어 판, 기차 돋보기</td></tr>
<tr><td>제작 재료</td><td colspan="3">코팅지, 글루건, 가위, 하드보드지, 끈, 단어판, 우드락, 컬러링, 시트지, 펀치, 칼, 테이프, 색지, 단추, 눈알</td></tr>
<tr><td>제작방법</td><td colspan="3">[단어 판]
1. 단어 판에 필요한 글자들을 인쇄한다.
2. 노란색 우드락에 인쇄한 종이를 붙인 후 투명 시트지로 감싼다.
[단어 카드]
1. 여름과 관련된 단어와 사진을 인쇄한 후 분홍색 색지에 붙여서 자른다.
2. 자른 단어 카드를 코팅한다.
3. 코팅한 단어 카드는 구멍을 뚫은 뒤 고리로 고정한다.
[기차 돋보기]
1. 연두색 하드보드지 2장을 단어판의 크기에 맞게 자른다.
2. 글자 크기에 맞게 하드보드지에 네모난 구멍을 만든다.
3. 하드보드지 두 장을 붙인다.
4. 눈알과 단추를 붙이고 구멍을 뚫은 후 끈으로 연결한다.
5. 단어판에 끈을 연결할 수 있도록 구멍을 만든다.
6. 기차 돋보기에 연결했던 끈을 단어 판의 구멍에 연결하여 완성한다.</td></tr>
<tr><td>활동방법</td><td colspan="3">1. 여름과 관련된 단어에 대해 이야기를 나눈다.
2. 여름과 관련된 단어 카드를 보고 따라 읽어본다.
3. 여름과 관련된 단어 카드를 보고 단어판에서 찾아보는 활동을 한다.
4. 활동을 마무리하고 정리한 후 놀이를 평가한다.</td></tr>
<tr><td>확장활동</td><td colspan="3">수수께끼를 이용하여 여름과 관련된 단어 찾기 활동을 한다.</td></tr>
<tr><td>교구 사진</td><td colspan="3">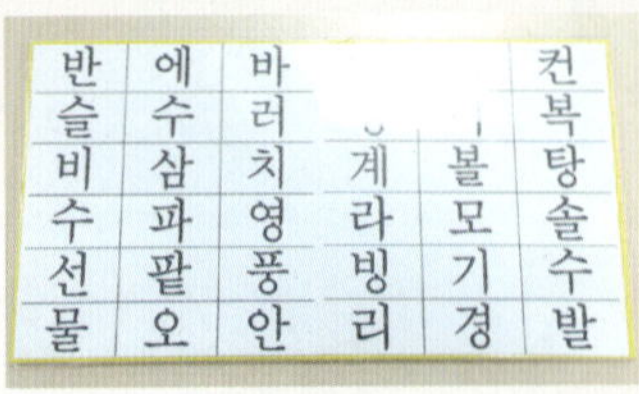

단어 판

단어 카드</td></tr>
</table>

교구 사진

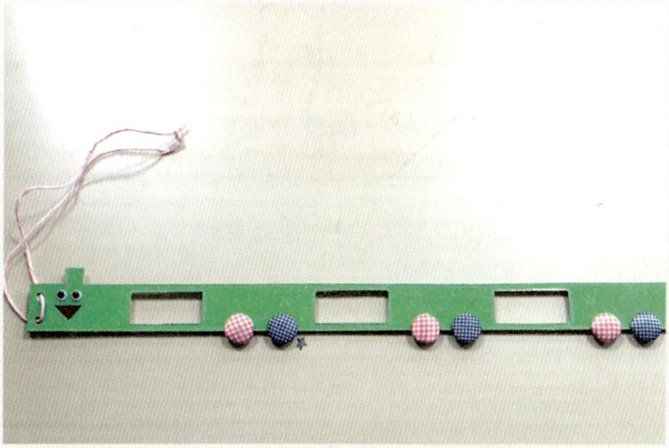

기차 돋보기

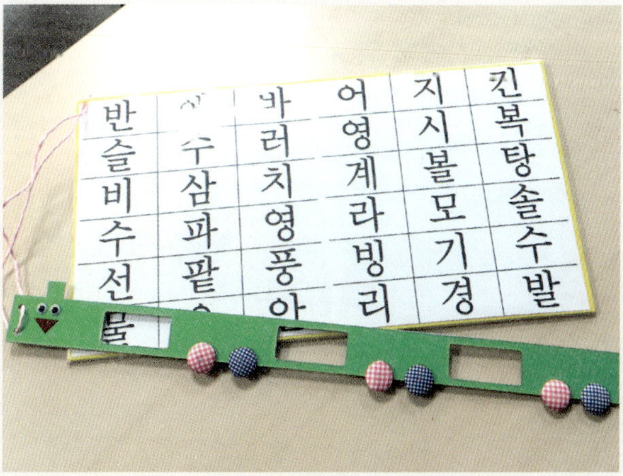

완성 교구

활동 14 암호를 찾아라

활동 주제	우리나라의 상징	대상 연령	만 4세
누리과정 관련 요소	• 의사소통 〉 말하기 〉 낱말과 문장으로 말하기 〉 다양한 낱말을 사용하여 말한다. • 의사소통 〉 쓰기 〉 쓰기에 관심 가지기 〉 말이나 생각을 글로 나타낼 수 있음을 안다. • 사회 관계 〉 사회에 관심 가지기 〉 우리나라에 관심 갖고 이해하기 〉 우리나라를 상징하는 것을 안다.		
활동목표	• 우리나라와 관련된 것에 대해 이해한다. • 우리나라와 관련된 암호를 찾아본다. • 글자를 찾아봄으로써 한글에 대한 흥미를 가진다.		
활동자료	암호와 글자판		
제작 재료	하드보드지, 펠트지, 실, 바늘, 글루건, 가위, 풀, 코팅지, 색지		
제작방법	1. 하드보드지를 노란색 펠트지로 감싼 후 바느질해서 활동판을 완성한다. 2. 활동판의 글자 카드 위치에 벨크로를 붙인다. 3. 우리나라를 상징하는 것의 암호들을 정한다. 4. 정한 암호들을 인쇄한 다음 코팅해서 펠트지 위에 붙인다. 5. 글자 카드를 인쇄한 후 색지를 바탕에 대고 코팅해서 벨크로를 붙인다. 6. 구멍을 뚫어 고리로 고정한다.		
활동방법	1. 손 유희로 주의집중을 한 후 암호에 대해 이야기 나눈다. 2. 활동방법에 대해 이야기를 나눈다. 3. 활동을 마무리한 후 이야기 나눈다.		
확장활동	우리나라를 상징하는 것에 대해 이야기 나눈다.		
교구 사진	 암호와 글자판		

활동 15 이름을 찾아보아요

활동 주제	동물과 식물	대상 연령	만 3세
누리과정 관련 요소	• 읽기 〉 읽기에 흥미 가지기 〉 주변에서 친숙한 글자를 찾아본다. • 쓰기 〉 쓰기에 관심 가지기 〉 말을 글로 나타내는 것에 관심을 보인다.		
활동목표	• 준비된 그림과 글자를 보고 같은 글자를 찾을 수 있다. • 규칙을 지키며 활동에 참여할 수 있다. • 글자를 써보며 익힐 수 있다.		
활동자료	동물 모양의 판, 글자판, 그림과 글자판		
제작 재료	우드락, 하드보드지, 펠트지, OHP 필름, 까슬이, 보슬이, 모루, 바늘, 실, 글루건		
제작방법	**[동물 모양의 판]** 1. 우드락을 동물 모양으로 자른 다음 귀 부분을 네모 모양으로 잘라준다. 2. 네모 모양으로 자른 동물의 귀 위에 OHP 필름을 붙여준다. 3. 동물 모양의 판에 있는 네모 모양과 똑같이 펠트지를 잘라 덧댄다. 4. 동물 모양 판의 끝부분을 바느질해준다. 5. 완성된 동물판 위에 눈과 입을 꾸며준다. **[글자판]** 1. 우드락 앞면과 뒷면에 하드보드지를 붙인다. 2. 동물 모양 판의 귀의 길이와 알맞게 두 글자씩 가로 5칸, 세로 6칸으로 배열한다. 3. 우드락에 배열한 글자들을 붙이고 시트지를 붙여준다. **[그림과 글자판]** 1. 글자와 그림을 직사각형 형태의 카드 모양으로 만든다. 2. 만들어진 그림과 글자 카드를 코팅한다. 3. 코팅한 카드를 하드보드지 위에 배열하여 붙여준다.		
활동방법	1. 지난 시간에 배운 과일과 채소의 이름에 대해 상기시킨다. 2. 간단한 동물의 이름을 말하며 오늘 할 활동에 대해 설명한다. 3. 오늘 할 활동의 준비물을 보여주며 활동을 소개한다. 4. 친구들과 사이좋게 활동을 한다. 5. 활동을 마무리하며 소감을 이야기 나눈다.		
확장활동	언어영역에 두어 유아들이 직접 동물과 식물의 이름을 써볼 수 있도록 한다.		

교구 사진

글자판

완성 교구

활동 16 뚝뚝 가을이 왔어요

활동 주제	가을	대상 연령	만 3세
누리과정 관련 요소	• 듣기 〉 바른 태도로 듣기 〉 말하는 사람을 바라보며 듣는다. • 말하기 〉 느낌, 생각, 경험 말하기 〉 자신의 느낌, 생각, 경험을 말해본다. • 쓰기 〉 쓰기에 관심 가지기 〉 말을 글로 나타내는 것에 관심을 보인다.		
활동목표	• 가을 곤충에 대해 알고 관심을 가진다. • 글을 보고 따라 써보며 쓰기에 관심을 가진다.		
활동자료	자연물을 이용하여 만든 곤충 책, 색모래 상자		
제작 재료	밤, 말린 나뭇잎, 나뭇가지, 눈알, 글루건, 하드보드지, 시트지, 고리, 펀치		
제작방법	**[보관 상자]** 1. 상자 겉면은 글자를 인쇄하여 오린 후 색지를 대고 코팅한 다음 오려서 붙인다. 2. 상자 안면은 하드보드지를 같은 모양으로 오린 후 각각 시트지를 붙인다. **[곤충]** 1. 개미 • 자연물 '콩'을 붙인다. • 개미의 다리를 매직으로 그린다. 2. 잠자리 • 나뭇잎으로 날개를 만든 후 시트지를 붙인다. • 나뭇가지로 몸을 만든 후 눈알을 붙인다. 3. 장수풍뎅이 • 자연물 '밤'을 붙인다. • 나뭇가지로 다리를 만들고 눈알을 붙여 완성한다. 4. 무당벌레 • 자연물 '밤'을 붙인다. • 나뭇가지로 다리를 만들고 눈알을 붙여 완성한다. 5. 나비 • 잘 마른 나뭇잎으로 나비의 날개를 만든다. • 시트지를 붙인 후 나뭇가지로 나비의 몸과 눈알을 붙여 완성한다. **[곤충 카드]** 1. 곤충의 이름을 인쇄한 후 오려서 코팅한다. 2. 코팅한 종이 뒤에 까슬이를 붙이고 시트지 위에 보슬이를 붙인다. 3. 펀치로 구멍을 뚫고 고리를 끼워 완성한다. **[모래 상자]** 1. 상자 외부는 글자를 인쇄하여 오린 후 색지를 덧대어 코팅한 다음 오려서 붙인다. 2. 상자 내부는 색모래를 채워 완성한다.		

<table>
<tr><td>활동방법</td><td>1. 가을에 대해 유아들과 이야기 나눈다.
2. 가을 곤충의 종류와 생김새에 대해 이야기 나눈다.
3. 유아들과 상호작용을 하며 즐겁게 활동을 한다.
• 곤충의 종류와 생김새에 대해 탐색하고 색모래 상자에 손가락으로 단어를 써본다.
4. 활동한 내용에 대해 이야기 나누며 활동을 마무리한다.</td></tr>
<tr><td>확장활동</td><td>자연물의 다양한 특성을 이용해 입체조형활동을 해본다.</td></tr>
<tr><td>교구 사진</td><td>

보관 상자

모래 상자</td></tr>
</table>

CHAPTER 9

탐구영역

활동 1 옛날과 오늘날의 교통기관

<table>
<tr><th>활동 주제</th><td>교통기관</td><th>대상 연령</th><td>만 3세</td></tr>
<tr><th>누리과정 관련 요소</th><td colspan="3">• 자연 탐구 〉 탐구하는 태도 기르기 〉 탐구과정 즐기기 〉 궁금한 점을 알아보는 과정에 흥미를 갖는다.
• 의사소통 〉 듣기 〉 이야기 듣고 이해하기 〉 다른 사람의 이야기를 관심 있게 듣는다.</td></tr>
<tr><th>활동목표</th><td colspan="3">• 교통수단의 변화에 관심을 가진다.
• 옛날과 오늘의 변화된 교통수단을 구별해본다.
• 변화된 교통수단을 알아보는 것에 흥미를 갖고 활동에 적극적으로 참여한다.</td></tr>
<tr><th>활동자료</th><td colspan="3">옛날의 교통기관과 오늘의 교통기관 돌림판 2개, 배경 판 2개, 교통기관 그림 카드, 주사위 1개, 설명 판</td></tr>
<tr><th>제작 재료</th><td colspan="3">우드락, 하드보드지, 코팅지, 시트지, 색지, 글루건, 펠트지, 칼, 가위, 실, 바늘, 이쑤시개, 테이프</td></tr>
<tr><th>제작방법</th><td colspan="3">[돌림판]
1. 하드보드지와 우드락을 지름 20cm 크기의 원으로 자른다.
2. 같은 크기의 펠트지를 6등분 해서 자른 후 원 위에 붙인다.
3. 원 위에 다양한 탈것의 그림을 코팅해서 붙인다.
4. 하드보드지로 화살표 모양을 만들고 펠트지로 감싼다.
5. 원의 가운데 구멍을 뚫어서 나무막대를 넣고 화살표와 하드보드지를 연결한다.
[배경 판]
1. 하드보드지와 우드락을 가로 30cm, 세로 10cm의 크기로 자른 후 붙인다.
2. 완성된 배경판 위에 색테이프로 경계선을 만든 후 활동 제목을 붙인다.
3. 투명 시트지로 판을 감싼 후 아래 칸에 까슬이를 붙인다.
[그림카드]
1. 교통수단 그림은 가로, 세로 5cm 크기로 인쇄한다.
2. 인쇄한 그림은 코팅해서 EVA 위에 붙여준다.
3. EVA 뒷면에 보슬이를 붙인다.
[주사위]
1. 하드보드지로 6cm 크기의 정사각형을 만든다.
2. 색 테이프로 주사위의 모서리를 감싼다.</td></tr>
<tr><th>활동방법</th><td colspan="3">1. 옛날과 오늘의 교통기관을 나눠보고 탐색하며 이름을 알아본다.
2. 활동방법에 대해 이야기를 나눈다.
  • 과거의 교통수단과 변화된 교통수단을 짝지어 본다.
  • 돌림판을 돌려서 교통수단의 짝을 찾아본다.
3. 활동을 마무리한 후 이야기 나눈다.</td></tr>
</table>

확장활동

- 교통기관의 특징과 이용방법에 대해 알아본다.
- 교통 규칙 지키기에 대해 알아본다.

교구 사진

완성 교구

CHAPTER 9 탐구영역

활동 2 옛날에는 요즘에는

활동 주제	생활도구	대상 연령	만 5세
누리과정 관련 요소	• 의사소통 〉 말하기 〉 느낌, 생각, 경험 말하기 • 의사소통 〉 듣기 〉 바른 태도로 듣기		
활동목표	• 옛날 물건의 이름과 용도를 안다. • 도구의 변화 과정에 관심을 갖는다. • 옛날과 오늘에 사용되는 물건들을 비교하여 공통점과 차이점을 이해한다.		
활동자료	활동 판		
제작 재료	하드보드지, 투명 시트지, 옛날과 오늘의 물건 그림자료, 펀치, 고리, 가위, 칼, 테이프		
제작방법	1. 그림자료를 배경판의 크기에 맞추어 오린다. 2. 하드보드지 위에 오려둔 그림자료를 붙인다. 3. 투명 시트지로 그림을 붙인 하드보드지를 감싼다. 4. 하드보드지에 구멍을 뚫어 고리로 하드보드지를 연결한다.		
활동방법	1. 옛날의 도구와 물건을 보여 주며 이름과 용도, 사용방법에 대해 이야기를 나눈다. 2. 오늘의 도구와 물건의 이름과 용도에 대해 알아보고 이야기를 나눈다. 3. 옛날의 물건과 오늘의 도구와 물건의 차이점에 대해 이야기를 나눈다.		
확장활동	물건이나 도구의 이름을 가리고 유아들이 맞추어본다.		
교구 사진	 활동판 1 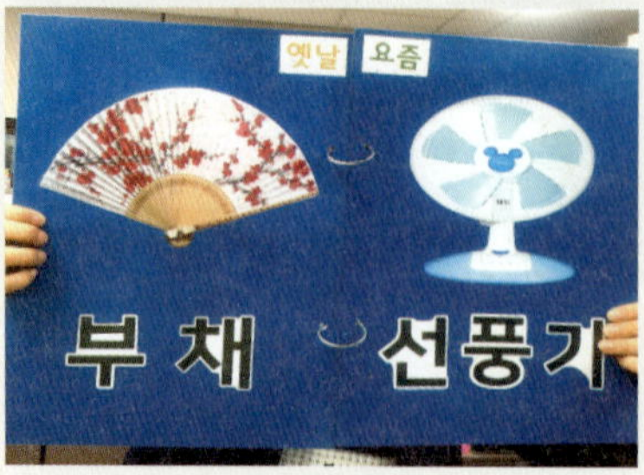 활동판 2		

활동 3 다양한 전통놀이 퍼즐

<table>
<tr><td>활동 주제</td><td>전통놀이</td><td>대상 연령</td><td>만 3세</td></tr>
<tr><td>누리과정 관련 요소</td><td colspan="3">• 사회관계 〉 사회에 관심 가지기 〉 우리나라에 관심 갖고 이해하기 〉 우리나라의 전통놀이와 풍습에 관심을 갖는다.
• 예술 경험 〉 예술 감상하기 〉 전통 예술 감상하기 〉 우리나라의 전통 예술에 관심을 갖는다.
• 자연 탐구 〉 수학적 탐구하기 〉 공간과 도형의 기초 개념 알아보기 〉 물체의 모양에 관심을 갖는다.</td></tr>
<tr><td>활동목표</td><td colspan="3">우리나라 전통놀이와 예술에 대해 관심을 갖는다.</td></tr>
<tr><td>활동자료</td><td colspan="3">퍼즐 판, 퍼즐 조각</td></tr>
<tr><td>제작 재료</td><td colspan="3">우드락, 열선, 코팅지, 전통놀이 그림자료, EVA, 테이프, 접착제, 칼, 가위</td></tr>
<tr><td>제작방법</td><td colspan="3">1. 다양한 전통놀이 그림을 인쇄하여 자른 후 코팅한다.
2. 코팅한 그림을 다양한 모양의 조각으로 자른다.
3. 조각을 낸 그림은 코팅을 한 후 우드락에 붙여준다.
4. EVA 위에 그림을 놓고 3cm 간격을 두고 정사각형 모양으로 자른다.
5. EVA 가장자리 3cm를 남겨두고 가운데를 네모 모양으로 잘라 구멍을 낸다.
6. 자른 EVA의 가운데에 흑백 그림을 붙인다.
7. EVA 가운데에 흑백 그림이 보이도록 접착제로 붙여서 퍼즐 틀을 만들어준다.</td></tr>
<tr><td>활동방법</td><td colspan="3">1. 우리나라 전통놀이에 대해 이야기를 나눈다.
2. 교구를 소개하며 활동방법에 대해 이야기를 나눈다.
3. 퍼즐 조각의 모양을 탐색한다.
4. 퍼즐 조각의 모양에 맞추어 퍼즐을 맞추어본다.
5. 완성된 퍼즐 판을 보며 우리나라의 전통놀이에 대해 이야기를 나눈다.</td></tr>
<tr><td>확장활동</td><td colspan="3">퍼즐 그림에 있는 전통놀이를 직접 활동해 본다.</td></tr>
<tr><td>교구 사진</td><td colspan="3">

퍼즐 판 1

퍼즐 판 2</td></tr>
</table>

활동 4 무지개 돋보기

활동 주제	색과 도형	대상 연령	만 2세
누리과정 관련 요소	• 예술 경험 〉 아름다움 찾아보기 〉 예술적 요소에 호기심 가지기 〉 주변 환경에서 색, 모양에 호기심을 가진다. • 예술 경험 〉 예술적 표현하기 〉 단순한 미술 경험하기 〉 감각적으로 단순한 미술 경험을 한다. • 의사소통 〉 말하기 〉 자신이 원하는 것을 말하기 〉 표정, 몸짓, 말소리로 의사 표현을 한다.		
활동목표	• 색과 모양에 호기심을 갖는다. • 색과 색이 더해졌을 때 어떤 색이 나오는지 알 수 있다.		
활동자료	돋보기		
제작 재료	펠트지, 방울, 눈알, 솜, 셀로판지		
제작방법	1. 2장의 펠트지 위에 동물 도안을 그린다. 2. 동물 도안의 가운데 부분을 자른다. 3. 자른 부분에 다양한 색채의 셀로판지를 붙이고 도안의 끝을 바느질한다. 4. 동물 도안 안에 솜을 넣고 방울을 넣고 꿰맨다. 5. 동물 도안 위에 동물 각각의 특징을 꾸며준다.		
활동방법	• 색채에 대해 이야기를 나눈다. • 교구의 특징과 활동방법에 대해 이야기를 나눈다. • 활동 소감을 이야기하며, 활동을 마무리한다.		
확장활동	• 돋보기로 보았을 때의 느낌을 몸으로 표현한다. • 돋보기로 보았을 때의 느낌을 스카프로 표현한다.		
교구 사진	 완성 교구		

활동 5 동물에게 먹이를 주어요

활동 주제	동물과 친해지기	대상 연령	만 3세
누리과정 관련 요소	• 자연 탐구 〉 수학적 탐구하기 〉 수량 인식하기 〉 많고 적음을 구별한다. • 자연 탐구 〉 수학적 탐구하기 〉 수량 인식하기 〉 구체물을 일대일로 대응해본다. • 신체운동 〉 신체조절과 기본 운동하기 〉 대근육조절하기 〉 팔, 다리, 목, 허리 등 움직임을 조절한다.		
활동목표	• 많고 적음을 구별할 수 있다. • 신체를 이용하여 동물의 동작을 흉내 낼 수 있다.		
활동자료	동물, 동물 먹이		
제작 재료	펠트지, 폼폼이, 물티슈 캡, 상자, 글루건, 칼, 가위		
제작방법	[동물] 1. 상자의 겉면과 뚜껑을 펠트지로 감싸준다. 2. 펠트지로 동물의 귀와 눈을 만들어 상자 뚜껑에 붙인다. 3. 물티슈 캡 크기에 맞춰 동물의 입이 될 위치에 구멍을 뚫는다. 4. 구멍을 뚫은 위치에 물티슈 캡을 붙인다. 5. 물티슈 캡 위에 동물과 어울리는 펠트지를 크기에 맞춰 사른 후 붙인다. 6. 동물의 코가 될 위치에 폼폼이를 붙여준다. [먹이] 1. 펠트지 위에 바나나, 물고기, 뼈다귀, 당근의 도안을 그린 후 자른다. 2. 도안 2개를 겹쳐 바느질을 해준다. 3. 솜을 넣은 후 바느질 마무리를 한다.		
활동방법	• 어떠한 동물들이 있는지 이야기를 나눈다. • 동물 먹이에 대해 이야기를 나눈다. • 활동방법에 대해 이야기를 나눈다. • 활동을 마무리한다.		
확장활동	동물들의 울음 소리와 동작을 따라해 본다.		
교구 사진	 완성 교구		

활동 6 가속도에 대해 알아보아요

활동 주제	기계와 생활	대상 연령	만 5세
누리과정 관련 요소	• 자연 탐구 〉 탐구하는 태도 기르기 〉 탐구과정 즐기기 〉 궁금한 점을 알아보는 탐구과정에서 관심을 가지고 참여한다. • 자연 탐구 〉 수학적 탐구하기 〉 기초적인 측정하기 〉 일상생활에서 길이, 크기, 무게 등을 비교해본다. • 의사소통 〉 말하기 〉 느낌, 생각, 경험 말하기 〉 자신의 느낌, 생각, 경험을 말한다.		
활동목표	• 가속도에 대해 알 수 있다. • 가속도를 경험해 본 것에 대해 이야기할 수 있다.		
활동자료	도로, 종이컵 자동차		
제작 재료	종이컵, 한지, 펠트지, 골판지, 스티로폼, 우드락, 건전지		
제작방법	[도로] 1. 스티로폼을 잘라 검은색 펠트지를 붙여준다. 2. 우드락을 스티로폼 세로 길이에 맞추어 자르고 펠트지를 붙여준다. 3. 스티로폼 가장자리에는 검은색 우드락을 붙이고 안쪽에는 회색 우드락을 붙인다. **[종이컵 자동차]** 1. 종이컵에 한지를 붙인다. 2. 종이컵 입구에 펠트지를 반만 붙인다. 3. 종이컵 옆 부분에 골판지와 빨대로 만든 바퀴를 붙여준다.		
활동방법	1. '간다 간다' 노래를 부르며 주의를 집중시킨다. 2. 종이컵 자동차에 대해 이야기를 나눈다. 3. 종이컵 자동차 경주를 진행한다. 4. 활동에 대해 이야기를 나눈다. 5. 활동을 마무리한다.		
확장활동	자동차의 무게를 달리하여 경주한 후 가속도의 원리를 자세하게 설명한다.		
교구 사진	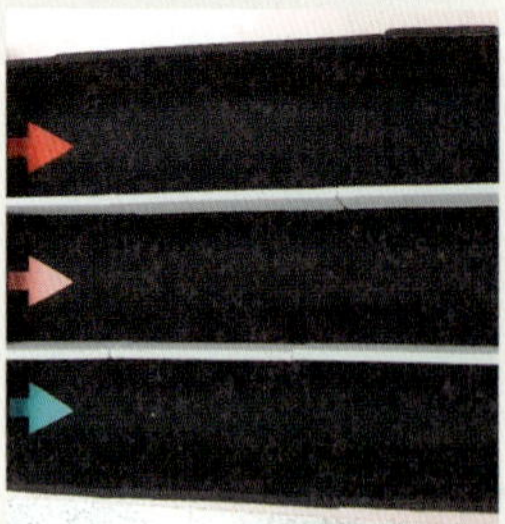 도로 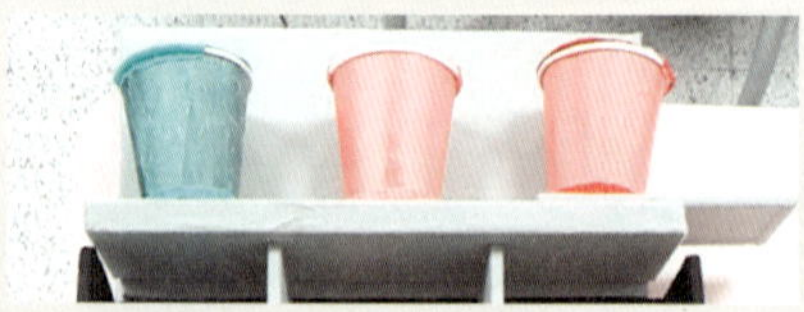 종이컵 자동차		

활동 7 기관에 알맞은 직업을 찾아보아요

활동 주제	여러 가지 직업	대상 연령	만 4세
누리과정 관련 요소	• 자연 탐구 〉 과학적 탐구하기 〉 물체와 물질 알아보기 • 사회생활 〉 사회에 관심 가지기 〉 지역사회에 관심 갖고 이해하기 • 사회생활 〉 다른 사람과 더불어 생활하기 〉 친구와 사이좋게 지내기		
활동목표	• 타인의 직업을 이해할 수 있다. • 질서를 지켜 활동에 참여한다.		
활동자료	마을, 자동차		
제작 재료	하드보드지, 자석, 금속 조각, 벨크로, 펠트지		
제작방법	**[건물]** 1. 하드보드지를 가로, 세로 10cm의 크기로 5개를 잘라 정사면체를 만든다. 2. 펠트지로 정사면체를 감싼다. 3. 윗면을 펠트지로 감싼 후 사면체에 붙인다. 4. 금속 조각과 벨크로를 앞면의 안쪽과 바깥쪽에 붙인다. 5. 펠트지로 건물을 꾸민다. **[바닥]** 1. 하드보드지에 펠트지로 교차로 모양의 도로를 만들어 붙인다. 2. 도로 위의 공간에 연두색과 초록색 펠트지로 잔디를 만들어 붙인다. 3. 완성된 건물을 붙인다. **[자동차]** 1. 하드보드지로 사면체를 만들어 펠트지로 감싼다. 2. 윗면과 아랫면을 각각 펠트지로 감싼다. 3. 자석과 벨크로를 앞면의 안쪽과 바깥쪽에 붙인다. 4. 윗면과 아랫면을 사면체에 붙인다. 5. 펠트지로 자동차를 꾸민다.		
활동방법	1. 우리 동네 기관에 대해 이야기 나눈다. 2. 자석의 성질과 원리에 대해 이야기를 나눈다. 3. 활동방법에 대해 이야기를 나눈다. 4. 활동한 내용을 되돌아보며 마무리한다.		
확장활동	우리 동네 기관과 기관에서 하는 일을 바탕으로 역할놀이를 해본다.		

교구 사진	 완성 교구

활동 8 김밥을 만들어요

<table>
<tr><td>활동 주제</td><td>수와 연산</td><td>대상 연령</td><td>만 5세</td></tr>
<tr><td>누리과정
관련 요소</td><td colspan="3">• 자연 탐구 〉 수학적 탐구하기 〉 수와 연산의 기초 개념 알아보기
• 신체 운동 · 건강 〉 신체조절과 기본 운동하기 〉 신체조절하기</td></tr>
<tr><td>활동목표</td><td colspan="3">• 수와 구체물의 일대일 대응을 할 수 있다.
• 소근육을 이용하여 김밥을 만들 수 있다.</td></tr>
<tr><td>활동자료</td><td colspan="3">김과 밥, 김밥 속 재료, 활동 판(돌림판, 숫자판, 메뉴판), 핸드벨, 점수판</td></tr>
<tr><td>제작 재료</td><td colspan="3">하드보드지, 펠트지, 부직포, 색지, 코팅지, 벨크로, 글루건, 투명시트지, 할핀, 송곳, 가위, 칼, 풀, 실, 바늘, 방울 솜, 고리, 테이프</td></tr>
<tr><td>제작방법</td><td colspan="3">[김밥 재료]
1. 검은색 펠트지를 직사각형 모양으로 잘라 3개의 김을 만들고 직사각형 위쪽에는 검은색 벨크로를 붙여준다.
2. 흰색 펠트지를 김보다 길게 직사각형 모양으로 잘라 반을 접는다.
3. 흰색 펠트지 안에 방울 솜을 넣어 바느질해서 3개의 밥을 만든다.
4. 김과 밥을 서로 연결해서 꿰맨다.
5. 김밥 속 재료는 색 펠트지를 얇은 직사각형으로 잘라서 만든다.
6. 자른 펠트지를 세로로 반을 접고 솜을 넣어 바느질한다.
[숫자판]
1. 숫자판의 제목과 숫자를 인쇄하여 자른다.
2. 인쇄한 숫자와 제목은 파란색 색지를 붙여서 오린 후 코팅한다.
3. 하드보드지를 투명시트지로 감싸준다.
4. 하드보드지에 흰색 벨크로를 가로로 길게 잘라 간격을 두고 붙인다.
5. 코팅한 숫자 뒤에는 벨크로를 붙인다.
6. 코팅한 숫자판 글씨를 하드보드지 위쪽에 붙인다.
[메뉴판]
1. 음식 재료와 수량을 나타내는 '개'를 인쇄하여 자르고 주황색 색지를 덧대어 노란색 하드보드지에 붙인 후 투명 시트지로 감싼다.
2. 제목 글씨를 인쇄하여 자르고 주황색 색지를 붙인 후 코팅한다.
3. 제목 글씨를 메뉴판 가운데 위쪽에 붙인다.
4. 펠트지를 작은 직사각형 모양으로 잘라 '개' 사이에 붙여준다.
5. 펠트지 위에 벨크로를 붙인다.
[돌림판]
1. 연두색 하드보드지를 투명 시트지로 감싸준다.
2. 돌림판 글씨를 자르고 초록색 색지를 덧댄 후 코팅한다.
3. 코팅한 돌림판 글씨는 하드보드지 위쪽 가운데 붙여준다.</td></tr>
</table>

<table>
<tr>
<td>제작방법</td>
<td>
4. 하드보드지를 큰 원으로 자른 후 색지를 삼각형 모양으로 잘라 서로 마주보도록 붙여준다.
5. 숫자를 인쇄하여 자르고 초록색 색지를 덧댄 후 원 안의 삼각형에 붙인다.
6. 검은색 색지를 원에 맞게 자른 후 테두리를 감싼다.
7. 완성된 원 모양의 하드보드지를 투명 시트지로 감싼다.
8. 투명 시트지로 감싼 원의 가운데에 구멍을 뚫어준다.
9. 초록색 색지로 화살표 모양을 만들어 코팅을 해주고 핀으로 고정한다.
10. 완성된 3개의 활동판은 구멍을 뚫고 고리로 연결한다.

[앞 · 뒷면]
1. 하드보드지 뒷면은 흰색 부직포로 붙인다.
2. 활동 판 앞면은 검은색 펠트지로 김밥 만들기 글씨를 잘라 붙여준다.
3. 펠트지로 김밥 모양을 만들어 앞면을 꾸민다.
4. 뒷면에는 김밥에 들어가는 재료들을 색 펠트지로 붙여서 꾸민다.

[점수판]
1. 연두색 하드보드지를 직사각형으로 자른다.
2. 직사각형의 하드보드지를 반으로 나누어 각각 다른 색의 한지를 붙이고 투명 시트지로 감싼다.
3. 테두리를 색 테이프로 붙여 마무리한다.
</td>
</tr>
<tr>
<td>활동방법</td>
<td>
1. 김밥에 대해 이야기 나눈다.
2. 김밥 만들기 활동방법에 대해 이야기 나눈다.
3. 활동한 내용을 이야기 나누며 활동을 마무리한다.
</td>
</tr>
<tr>
<td>확장활동</td>
<td>주인과 손님 역할로 나누어 김밥 가게 놀이를 한다.</td>
</tr>
<tr>
<td>교구 사진</td>
<td>
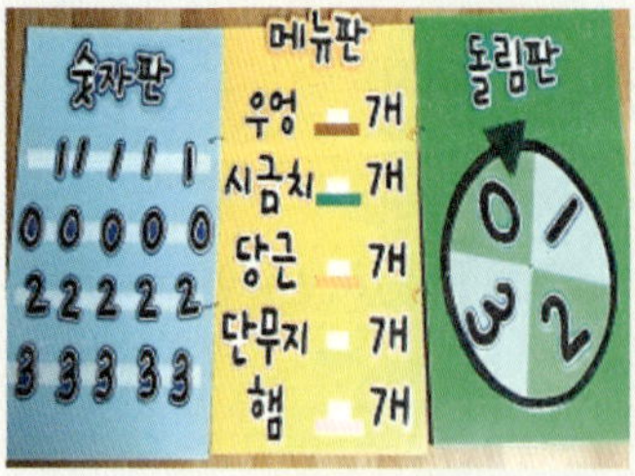

돌림판

완성된 김밥
</td>
</tr>
</table>

활동 9 반지를 끼어요

활동 주제	수와 조작	대상 연령	만 3세
누리과정 관련 요소	수학적 탐구하기 〉 수와 연산의 기초 개념 알아보기 〉 다섯 개가량의 구체물을 세어보고 수량에 관심을 갖는다.		
활동목표	• 수 개념을 알 수 있다. • 수에 맞게 손가락에 반지를 끼울 수 있다.		
활동자료	손가락 교구, 반구 주사위, 반지		
제작 재료	흰색 장갑, 플라스틱 컵, 눈알, 리본 끈, 글루건, 펠트지, 레이스, 하드보드지, 솜, 색지, 고리, 플라스틱 통, 반지를 꾸밀 재료, 반구, 네모 구슬		
제작방법	**[손가락 교구]** 1. 흰색 장갑에 솜을 반 정도 넣은 후 플라스틱 컵을 넣어 붙인다. 2. 펠트지로 숫자를 자른 후 손가락에 붙인다. 3. 눈알 두 개를 손바닥에 붙인다. 4. 장갑 손목 부분에 리본을 묶는다. 5. 플라스틱 통에 흰색 장갑을 붙여 완성한다. **[반지]** 고리에 리본과 꽃 장식을 연결하여 반지를 완성한다. **[반구 주사위]** 1. 하드보드지를 반구에 맞게 동그랗게 자른 후 색지를 5등분 해 잘라 붙인다. 2. 1~5까지의 숫자를 잘라 한 칸씩 붙인다. 3. 네모난 구슬을 넣고 반구를 붙인다. 4. 반구 밑 부분에 레이스를 붙여 완성한다.		
활동방법	• 오늘 할 '반지 끼우기' 활동에 대해 이야기를 나눈다. • 유아들과 상호작용을 하며 활동을 한다. • 활동을 마무리하고 정리한 후 소감을 이야기 나눈다.		
확장활동	미술활동시간에 반지를 직접 만들어 보고 꾸며보는 활동을 해본다.		
교구 사진	 반지	 반구 주사위	 완성 교구

활동 10 자석놀이를 해요?

<table>
<tr><td>활동 주제</td><td>과학적 사고하기</td><td>대상 연령</td><td>만 5세</td></tr>
<tr><td>누리과정 관련 요소</td><td colspan="3">자연 탐구 〉 탐구하는 태도 기르기 〉 탐구과정 즐기기 〉 궁금한 점을 알아보는 탐구 과정에 참여하고 즐긴다.</td></tr>
<tr><td>활동목표</td><td colspan="3">• 자석의 원리에 대해 알 수 있다.
• 자석에 붙는 것과 붙지 않는 것을 구별할 수 있다.</td></tr>
<tr><td>활동자료</td><td colspan="3">자석 활동 판 1, 활동 자석 판 2</td></tr>
<tr><td>제작 재료</td><td colspan="3">하드보드지, 색지, 자석, 반구, 글루건, 가위, 반구 안에 넣을 재료(클립, 핀, 구슬, 빨대, 스팽글, 폼폼이, 방울 등)</td></tr>
<tr><td>제작방법</td><td colspan="3">[자석 활동 판 1]
1. 하드보드지에 시트지를 붙인다.
2. 펠트지로 버스, 창문, 바퀴 모양을 만들어 자른다.
3. 자른 펠트지를 하드보드지 위에 붙인다.
4. 반구 안에 각각의 재료들을 넣는다.
5. 재료를 넣은 반구를 버스의 창문과 바퀴 부분에 붙인다.
6. 각각의 재료의 이름과 '자석놀이' 글자를 인쇄하고 자른 후 코팅한다.
7. 색지로 자석 모양을 만든 후 하드보드지의 양쪽 끝에 붙인다.
[자석 활동 판 2]
1. 노란색 색지를 길게 자른 후 하드보드지의 가운데 붙인다.
2. 활동판의 글자와 재료의 이름을 인쇄한다.
3. 인쇄한 글자와 재료의 이름을 색지에 붙인 후 코팅한다.
4. 코팅한 글자를 하드보드지 위에 붙인다.
5. 하드보드지 위에 시트지를 붙인다.
6. 벨크로를 하드보드지 위에 붙이고 밑 부분에 시트지를 붙여 꾸민다.
7. 재료의 이름을 코팅한 후 벨크로를 붙여 완성한다.</td></tr>
<tr><td>활동방법</td><td colspan="3">1. 오늘 할 활동에 대해 이야기를 나눈다.
2. 친구들과 함께 활동을 한다.
3. 활동을 마무리하고 정리한 후 활동 소감을 이야기 나눈다.</td></tr>
<tr><td>확장활동</td><td colspan="3">• 교실 내에서 자석에 붙는 물건과 붙지 않는 물건을 찾아보는 활동을 해본다.
• 자석을 이용한 낚시놀이를 해본다.</td></tr>
</table>

교구 사진

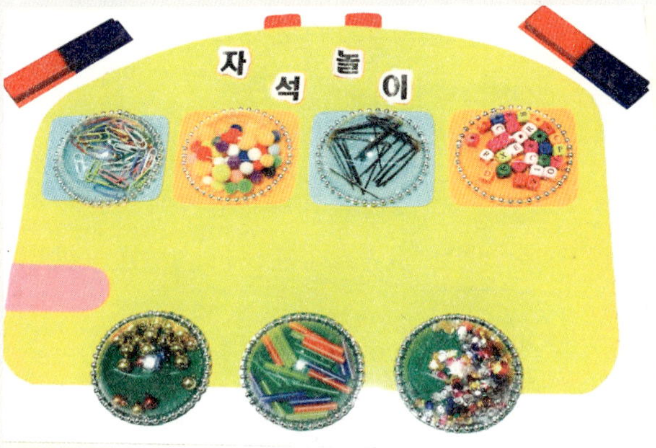

활동 자석핀 1

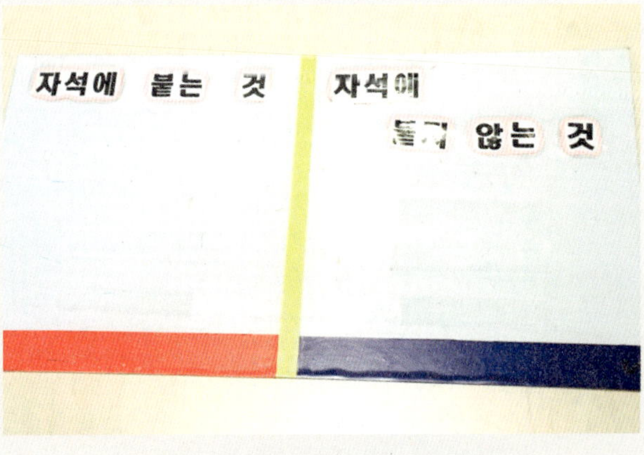

활동 자석판 2

CHAPTER 9 탐구영역

활동 11 어떤 교통기관일까요?

<table>
<tr><th>활동 주제</th><td>교통기관</td><th>대상 연령</th><td>만 4세</td></tr>
<tr><th>누리과정 관련 요소</th><td colspan="3">• 의사소통 〉 말하기 〉 낱말과 문장으로 말하기 〉 친숙한 낱말을 정확하게 발음해 본다.
• 자연 탐구 〉 수학적 탐구하기 〉 기초적인 자료 수집과 결과 나타내기 〉 한 가지 기준으로 자료를 분류해 본다.</td></tr>
<tr><th>활동목표</th><td colspan="3">• 다양한 교통기관이 있음을 안다.
• 교통기관을 종류별로 구별할 수 있다.</td></tr>
<tr><th>활동자료</th><td colspan="3">벤다이어그램 판, 분류 원판, 교통기관 카드</td></tr>
<tr><th>제작 재료</th><td colspan="3">우드락, 하드보드지, 펠트지, 끈, 병뚜껑, 벨크로, 글루건</td></tr>
<tr><th>제작방법</th><td colspan="3">[벤다이어그램 판]
1. 하드보드지를 삼각기둥 모양으로 자른다.
2. 우드락을 하드보드지의 모양과 크기에 맞춰 자른다.
3. 빨강, 주황, 노란색 펠트지를 잘라 나눠 붙인다.
4. 빨간색 부분 하단에 끈을 연결한다.
5. 끈과 병뚜껑을 연결한다.
[원판]
1. 하드보드지를 원판 모양으로 자른다.
2. 원판을 4칸으로 나누어 펠트지를 붙인다.
3. 하늘, 바다, 육지의 각 영역별로 대표적인 이미지를 잘라 붙인다.
[교통 카드]
1. 각 영역의 대표적인 교통기관을 인쇄한다.
2. 인쇄한 카드를 모양대로 자른 후 코팅한다.
3. 카드 뒷면에 벨크로를 붙인다.</td></tr>
<tr><th>활동방법</th><td colspan="3">1. 활동을 시작하기 전에 교통기관에 대해 이야기 나눈다.
2. 활동에 대해 소개하며 친구들과 함께 약속을 정한다.
  • 교통기관에 관한 수수께끼를 제시한다.
  • 순서를 정한다.
  • 손가락으로 활동판의 뚜껑을 튕긴다.
  • 활동판에 나온 영역을 보고 같은 영역에 붙여본다.
  • 먼저 영역을 완성한 유아가 이기는 활동이다.
3. 친구들과 함께 활동을 한다.
4. 활동을 마무리한 후 느낀 점을 이야기 나눈다.</td></tr>
</table>

확장활동

- 벤다이어그램 활동판에 자신이 좋아하는 교통기관을 붙여보는 활동을 해본다.
- 친구가 설명하는 교통기관을 맞추어 원판에 카드를 붙여보는 활동을 해본다.

교구 사진

벤디이어그램 판

교통 카드

원판

활동 12

자석 코끼리

활동 주제	지구와 환경	대상 연령	만 4세
누리과정 관련 요소	• 자연 탐구 〉 과학적 탐구하기 〉 물체와 물질 알아보기 • 신체운동 · 건강 〉 신체활동에 참여하기 〉 기구를 이용하여 신체활동하기 • 사회관계 〉 다른 사람과 더불어 생활하기 〉 친구와 함께 활동하기		
활동목표	• 자석의 원리를 알 수 있다. • 기구를 이용하여 활동할 수 있다. • 친구와 협동하여 활동할 수 있다.		
활동자료	코끼리 자석 마스크		
제작 재료	펠트지, 면 마스크, 일회용 마스크, 자석, 실, 바늘, 우드락 본드, 백업, 하드보드지, 벨크로		
제작방법	**[코끼리 마스크]** 1. 펠트지 위에 코끼리의 귀, 눈 모양을 그린 후 자른다. 2. 면 마스크 위에 자른 모양을 대고 바느질한다. 3. 백업 끝 부분에 자석을 부착한다. 4. 백업에 부착한 자석이 노출되지 않도록 동그랗게 자른 펠트지를 부착한다. 5. 백업을 면 마스크 코 부분에 붙여 바느질한다. **[궁금증 판]** 1. 하드보드지에 코끼리 사진을 붙인다. 2. 시트지로 하드보드지를 감싼다. 3. 인쇄한 물음표를 펠트지 위에 대고 자른다. 4. 펠트지를 하드보드지 크기로 자른다. 5. 물음표 펠트지를 부착한다. 6. 벨크로를 펠트지 위에 부착한다.		
활동방법	1. 궁금증 유발 판으로 주의집중을 한다. 2. 코끼리 마스크의 특별한 점을 발견하고 자석의 원리에 대해 이야기 나눈다. 3. 코끼리 마스크를 쓰고 자석에 붙는 것과 붙지 않는 것을 구별해본다. 4. 친구들과 자유롭게 활동한다. 5. 활동을 마무리한 후 느낀 점을 이야기 나눈다.		
확장활동	코끼리 코끝에 벨크로를 붙여 낱말 카드 맞추는 활동을 해본다.		

교구 사진

코끼리 마스크

궁금증 판

활동 13 아기 고래(벨루가)의 성장

활동 주제	동식물과 자연	대상 연령	만 3세
누리과정 관련 요소	• 자연 탐구 〉 수학적 탐구하기 〉 기초적인 측정하기 〉 두 물체의 길이와 크기를 비교해 본다. • 자연 탐구 〉 탐구하는 태도 기르기 〉 호기심을 유지하고 확장하기 〉 주변 사물과 자연 세계에 대해 호기심을 갖는다.		
활동목표	• 아기 고래의 성장에 대해 알 수 있다. • 퍼즐 조각의 개수를 함께 세어보면서 수의 개념을 알 수 있다. • 친구들과 협동하여 하나의 퍼즐을 맞출 수 있다.		
활동자료	PPT 자료, 고래 퍼즐 판		
제작 재료	우드락, 열선칼, 투명 시트지, 테이프, 풀, 가위, 고래 그림자료, 펠트지		
제작방법	[고래 퍼즐] 1. 파란색 우드락 위에 큰 고래 그림을 대고 자른다. 2. 큰 고래 그림을 반으로 잘라 투명 시트지를 붙인다. 3. 큰 틀의 잘린 부분을 붙이고 투명 시트지를 붙인다. 4. 파란색 우드락 위에 작은 고래 그림을 대고 자른 후 붙인다. 5. 흰색 우드락 위에 아기 고래 그림을 대고 자른 후 붙인다. 6. 분홍색 우드락 1개를 투명 시트지로 붙인다. 7. 분홍색 우드락 위에 제목과 그림을 잘라 꾸며주고 투명 시트지를 붙인다.		
활동방법	1. 활동을 시작하기 전에 고래의 성장에 대해 알아본다. 2. 고래 퍼즐을 맞춰본다. 3. 활동을 마무리한 후 느낀 점을 이야기 나눈다.		
확장활동	고래 퍼즐에 자석을 붙여 낚시놀이를 해본다.		
교구 사진	 벨루가의 성장 퍼즐 판  완성 교구		

활동 14 크리스마스 숫자놀이

활동 주제	겨울	대상 연령	만 3세
누리과정 관련 요소	• 자연 탐구 〉 수학적 탐구하기 〉 수와 연산의 기초 개념 알아보기 〉 생활 속에서 수에 관심을 갖는다. • 사회관계 〉 다른 사람과 더불어 생활하기 〉 친구와 사이좋게 지내기 〉 친구와 함께 놀이한다.		
활동목표	• 힌트를 듣고 정답을 유추해볼 수 있다. • 숫자를 읽을 수 있다. • 숫자를 읽어보면서 숫자에 대한 흥미를 가진다.		
활동자료	크리스마스 숫자 놀이 판		
제작 재료	색지, 크리스마스 그림자료, 보슬이, 까슬이, 코팅지		
제작방법	1. 크리스마스에 관련된 그림 10개를 정한 후 인쇄한다. 2. 글씨를 인쇄한다. 3. 인쇄한 그림과 글씨를 자른다. 4. 자른 그림과 글씨를 코팅한 후 자른다. 5. 코팅한 그림자료에 보슬이와 까슬이를 붙인다.		
활동방법	1. 퀴즈로 주의집중을 한 후 교구에 대해 이야기 나눈다. 2. 친구들과 함께 활동을 한다. 3. 활동을 마무리한 후 이야기 나눈다.		
확장활동	• 크리스마스와 관련한 동화를 듣고 이야기 나눈다. • 선물 찾기 놀이를 해본다.		
교구 사진	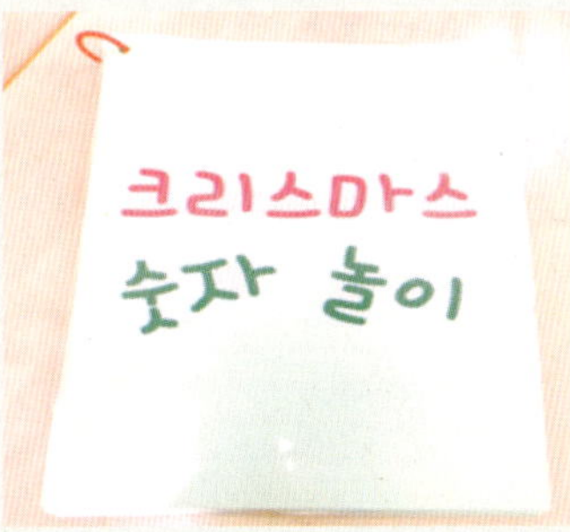 숫자놀이 판 표지	 숫자놀이 판	

CHAPTER 9 탐구영역

활동 15 과일의 이름을 맞춰보아요

활동 주제	과학적 사고하기	대상 연령	만 5세
누리과정 관련 요소	• 과학적 탐구하기 〉 물체와 물질 알아보기 〉 주변의 여러 가지 물체와 물질의 기본 특성을 알아본다. • 과학적 탐구하기 〉 간단한 도구와 기계 활용하기 〉 생활 속에서 간단한 도구와 기계를 활용한다.		
활동목표	• 거울의 특성을 알 수 있다. • 다양한 과일의 이름을 읽을 수 있다. • 뒤집혀 있는 글자를 보고 어떤 글자인지 예측할 수 있다.		
활동자료	안전 거울, 과일 판, 과일 이름 카드		
제작 재료	하드보드지, 펠트지, 글루건, 까슬이, 보슬이		
제작방법	**[안전 거울]** 1. 안전 거울을 적당한 크기로 자른다. 2. 자른 안전 거울의 모서리를 펠트지로 감싼다. **[뒤집어진 글자 판]** 1. 8절 하드보드지를 정사각형 모양으로 6개 자른다. 2. 자른 하드보드지를 8절 하드보드지 위에 붙인다. 3. 하드보드지 위에 만들어 놓은 과일 모양의 펠트지를 붙인다. 4. 과일의 왼쪽 옆에 뒤집힌 글자를 붙인다. **[과일 판]** 1. 8절 하드보드지 위에 하늘색 펠트지를 붙여준다. 2. 펠트지를 붙인 하드보드지 위에 과일 모양의 펠트지를 붙인다. 3. 과일 모양 밑에 까슬이를 붙여준다. 4. 아래 부분에 까슬이를 붙여 과일 단어 카드를 붙인다.		
활동방법	1. 안전 거울을 보여 주며 거울에 대해 이야기를 나눈다. 2. 오늘 할 활동에서 사용할 교구를 제시하며 활동을 소개한다. 3. 거울을 보고 거울의 특성을 알려준다. 4. 활동방법을 소개한다. 5. 활동을 마무리하며 소감을 이야기해본다.		
확장활동	과학영역에 두어 거울을 이용해 다양한 활동을 할 수 있도록 한다.		

교구 사진

과일판 1

과일판 2

활동 16 나만의 샌드위치를 만들어요

활동 주제	수 · 조작	대상 연령	만 3세
누리과정 관련 요소	• 수학적 탐구하기 〉 수량 인식하기 〉 두 개가량의 수 이름을 말해본다. • 예술적 표현하기 〉 단순한 미술 경험하기 〉 감각적으로 단순한 미술 경험을 한다.		
활동목표	• 1~3까지의 수를 익힌다. • 1~3까지 소리 내어 읽을 수 있다.		
활동자료	샌드위치 속 재료(치즈, 달걀, 양배추, 토마토) 소스(케첩, 머스터드), 메뉴판, 샌드위치 상자		
제작 재료	하드보드지, 펠트지, 바늘, 실, 글루건, 물감, 시트지, 빈 물풀 용기, 솜		
제작방법	**[메뉴판]** 1. 샌드위치 재료를 사진을 찍어 인쇄한다. 2. 인쇄한 사진을 코팅한다. 3. 코팅한 재료를 하드보드지 위에 붙인다. 4. 사진을 붙인 하드보드지 위에 시트지를 붙이고 모서리 부분은 펠트지로 감싼다. 5. 메뉴판 뒷면은 재료 상자와 같은 색의 펠트지를 붙여준다. **[샌드위치 재료 상자]** 1. 하드보드지를 잘라 상자를 만든다. 2. 상자 내부에 재료의 색과 같은 펠트지를 바닥에 붙여준다. **[소스 통]** 빈 물풀 통을 깨끗하게 씻어 물과 물감을 넣어준다. **[샌드위치 재료]** 1. 빵 • 살구색 펠트지를 적당한 크기의 식빵 모양으로 8개로 자른다. • 식빵 모양의 펠트지 테두리가 둘러질 수 있도록 갈색 펠트지를 자른다. • 자른 갈색 펠트지와 살구색 펠트지에 솜을 넣고 바느질한다. 2. 치즈 • 노란색 펠트지를 정사각형으로 8개로 잘라준다. • 자른 펠트지를 치즈 모양으로 테두리를 모양 내어 잘라준다. • 자른 펠트지를 두 겹을 겹쳐서 바느질해준다. 3. 양상추 • 초록색 펠트지 위에 양상추 모양으로 도안을 그린다. • 그린 도안을 8개 자른다. • 자른 도안을 두 겹씩 겹쳐 바느질한다. • 바느질한 후 유성매직으로 보충하여 양상추를 표현한다.		

제작방법	4. 달걀 • 흰색 펠트지 위에 달걀 모양대로 도안을 그린다. • 도안을 한 펠트지를 8개 자른다. • 노란 펠트지를 적당한 크기의 동그라미로 8개 자른다. • 자른 동그라미를 흰색 펠트지 위에 놓고 4개만 바느질을 한다. • 노란 동그라미를 올린 4개의 펠트지와 안 붙인 펠트지를 겹쳐 바느질해준다. 5. 토마토 • 빨간 펠트지를 적당한 크기의 동그라미 모양으로 8개 자른다. • 자른 펠트지를 두 겹으로 겹쳐 바느질해준다. • 주황 펠트지를 세모 모양으로 20개 자른다. • 자른 세모를 빨간색 동그라미 펠트지에 붙여준다.
활동방법	1. 샌드위치를 먹어본 경험에 대해 이야기 나눈다. 2. 샌드위치 재료에 대하여 이야기한다. 3. 숫자 카드를 보고 숫자를 익힌다. 4. 샌드위치 상자를 소개한다. 5. 샌드위치 만드는 방법을 소개한다. 6. 활동을 마무리하며 소감을 이야기해본다.
확장활동	역할영역과 쌓기영역에 두어 샌드위치 가게 놀이를 할 수 있도록 한다.
교구 사진	 샌드위치 만들기 상자

활동 17 곡식의 종류에 대해 알아보아요

<table>
<tr><td>활동 주제</td><td>동식물과 자연</td><td>대상 연령</td><td>만 2세</td></tr>
<tr><td>누리과정 관련 요소</td><td colspan="3">• 예술적 요소 탐색하기 〉 주변 환경에서 색, 모양을 탐색한다.
• 소근육 조절하기 〉 눈과 손을 협응하여 소근육을 조절해본다.</td></tr>
<tr><td>활동목표</td><td colspan="3">• 모양을 알 수 있다.
• 눈과 손의 협응력을 이용하여 활동할 수 있다.
• 소근육을 기를 수 있다.</td></tr>
<tr><td>활동자료</td><td colspan="3">곡식 판, 페트병에 있는 곡식</td></tr>
<tr><td>제작 재료</td><td colspan="3">우드락, 하드보드지, 펠트지, 글루건, 페트병, 곡식(쌀, 녹두, 팥, 콩)</td></tr>
<tr><td>제작방법</td><td colspan="3">[곡식 판]
1. 하드보드지를 같은 모양으로 4개 자른다.
2. 펠트지 위에 꽃잎을 그린 후 잘라 하드보드지 위에 붙인다.
3. 꽃의 가운데 부분에 곡식(쌀, 녹두, 팥, 콩)을 붙인다.
4. 펠트지로 줄기를 만든다.
[우드락 판]
1. 곡식 페트병을 넣을 공간은 우드락을 잘라서 연결하여 배경판 앞에 붙인다.
2. 곡식 페트병을 넣을 공간의 앞면에 곡식 사진을 붙인다.
[곡식 페트병]
1. 빈 페트병에 곡식을 담는다.
2. 곡식을 담은 페트병 앞에 곡식 글씨와 그림을 붙인다.</td></tr>
<tr><td>활동방법</td><td colspan="3">1. 곡식의 종류에 대해 이야기 나눈다.
2. 활동방법에 대해 이야기 나눈다.
3. 즐겁게 활동에 참여한다.
4. 활동을 마무리하며 활동내용에 대해 이야기 나눈다.</td></tr>
<tr><td>확장활동</td><td colspan="3">• 곡식을 담은 통을 악기로 활용해 유아들과 함께 연주해본다.
• 손으로 느껴지는 촉감을 그림으로 표현해본다.</td></tr>
<tr><td>교구 사진</td><td colspan="3">

곡식 판</td></tr>
</table>

활동 18 감각 책을 보아요

활동 주제	색과 도형	대상 연령	만 2세
누리과정 관련 요소	• 예술적 요소 탐색하기 〉 주변 환경에서 색, 모양을 탐색한다. • 소근육조절하기 〉 눈과 손을 협응하여 소근육을 조절해본다.		
활동목표	• 다양한 모양을 알 수 있다. • 눈과 손의 협응력을 이용하여 활동할 수 있다. • 소근육을 기를 수 있다.		
활동자료	감각 책, 사과나무, 단추 끼우기		
제작 재료	펠트지, 솜, 벨크로, 똑딱이, 단추, 실, 바늘, 글루건		
제작방법	**[모양 맞추기]** 1. 다양한 도형을 펠트지로 잘라 바느질한 후 보슬이를 붙인다. 2. 각 도형에 솜을 넣어 바느질한 후 까슬이를 붙인다. **[똑딱이 사과나무]** 1. 나무와 나뭇가지를 그려서 오린다. 2. 나무에 솜을 넣어 바느질한 후 똑딱이 단추를 붙인다. 3. 사과를 자른 후 솜을 넣어 바느질한 후 똑딱이 단추를 달아 완성한다. **[단추 끼우기]** 1. 펠트지 위에 옷 모양을 도안한 후 자른다. 2. 주머니를 꾸며 주고 단추를 달아 완성한다.		
활동방법	1. 유아들과 감각책 표지를 보며 이야기를 나눈다. 2. 유아들과 활동방법에 대해 이야기 나눈다. 3. 활동을 마무리하며 활동내용에 대해 이야기 나눈다.		
확장활동	촉감이 다른 재료를 이용해 모양 맞히기를 해본다.		
교구 사진	감각 책 표지		

교구 사진

모양 맞히기

똑딱이 사과나무

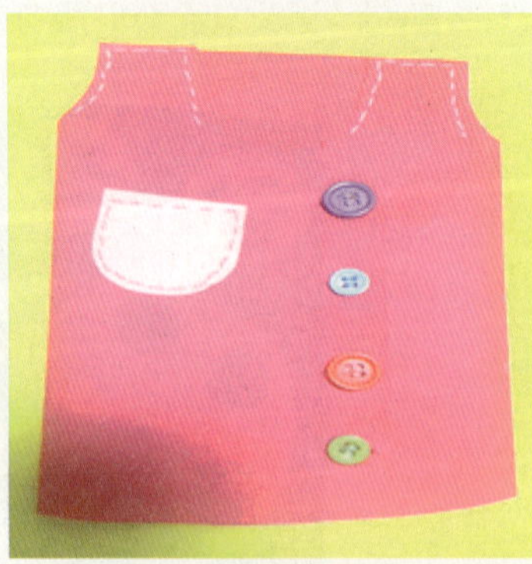

단추 끼우기

Teaching Materials & Methods for Childern

CHAPTER 10

예술영역

활동 1 공작새 날개 꾸미기

<table>
<tr><td>활동 주제</td><td>전통</td><td>대상 연령</td><td>만 5세</td></tr>
<tr><td>누리과정 관련 요소</td><td colspan="3">• 예술 경험 〉 아름다움 찾아보기 〉 미술적 요소 탐색하기 〉 자연과 사물에서 색, 모양, 질감, 공간 등을 탐색한다.
• 예술 경험 〉 예술적 표현하기 〉 미술활동으로 표현하기 〉 다양한 미술활동으로 자신의 생각과 느낌을 표현한다.
• 예술 경험 〉 예술적 표현하기 〉 미술활동으로 표현하기 〉 미술활동에 필요한 재료와 도구를 다양하게 사용한다.</td></tr>
<tr><td>활동목표</td><td colspan="3">• 공작새의 깃털에 있는 전통 문양을 탐색한다.
• 전통 문양을 자신의 생각과 느낌대로 색칠한다.
• 전통 문양에 대한 느낌을 말로 표현해본다.</td></tr>
<tr><td>활동자료</td><td colspan="3">공작새 그림자료, 전통 문양자료</td></tr>
<tr><td>제작 재료</td><td colspan="3">우드락, 한지, 지끈, 유성매직, 눈알, 도안자료, 칼, 우드락본드</td></tr>
<tr><td>제작방법</td><td colspan="3">[전통 문양]
1. 전통 문양을 인쇄한 후 코팅해서 오린다.
2. 인쇄한 문양에 맞추어 우드락을 원 모양으로 13개 자른다.
[공작새]
1. 우드락에 공작새 도안을 그린 후 자른다.
2. 공작새의 몸 위에 노란색 한지를 찢어 붙이고 흰색 우드락에 붙인다.
3. 눈을 붙여주고 왕관을 그려서 공작새를 완성한다.
4. 공작새 깃털의 중심선을 그려준다.
5. 중심선을 기준으로 우드락 원을 붙이고 채색 도구로 꾸며준다.
6. 왼쪽 아랫부분에 지끈을 붙여서 둥지를 만들어 준다.
7. 색 한지에 휴지를 뭉쳐서 넣어 공작새의 알을 만들어준 후 둥지에 붙인다.</td></tr>
<tr><td>활동방법</td><td colspan="3">1. 유아들이 공작새를 보았던 경험을 회상하여 생김새와 색에 대해 이야기 나눈다.
2. 공작새 꾸미는 방법을 소개하고 다양한 채색 도구로 자유롭게 채색을 한다.
3. 공작새의 날개를 꾸며본 느낌에 대해 이야기 나눈다.</td></tr>
<tr><td>확장활동</td><td colspan="3">전통 문양을 이용해 부채를 만들어보는 활동을 한다.</td></tr>
<tr><td>교구 사진</td><td colspan="2">
전통 문양</td><td>
공작새</td></tr>
</table>

활동 2 태극 도장 찍기

<table>
<tr><th>활동 주제</th><td>우리나라의 상징</td><th>대상 연령</th><td>만 4세</td></tr>
<tr><th>누리과정 관련 요소</th><td colspan="3">• 예술적 표현하기 〉 미술활동으로 표현하기 〉 다양한 미술활동을 경험해본다.
• 예술적 표현하기 〉 미술활동으로 표현하기 〉 미술활동에 필요한 재료와 도구에 관심을 가지고 사용한다.</td></tr>
<tr><th>활동목표</th><td colspan="3">• 우리나라 국기인 태극기에 대해 이해한다.
• 도장을 찍어 태극기를 완성한다.
• 활동에 적극적으로 참여한다.</td></tr>
<tr><th>활동자료</th><td colspan="3">태극기 그림자료, 태극 문양 도장, 도장 보관 상자, 설명판, 활동지, 물감, 물감 접시</td></tr>
<tr><th>제작 재료</th><td colspan="3">백업, EVA, 하드보드지, 한지, 투명 시트지, 전통 문양, 우드락, 테이프, 글루건, 코팅지, 물감접시, 물감</td></tr>
<tr><th>제작방법</th><td colspan="3">[설명판]
1. 인쇄한 문장을 글자 모양대로 오린다.
2. 하드보드지 가장자리에 한글 한지를 붙인다.
3. 하드보드지에 자른 문장을 붙인다.
4. 노란색 우드락에 오린 글자를 붙인다.
5. 투명 시트지로 우드락 전체를 감싼다.
[도장]
1. 백업을 적당한 길이로 자른다.
2. EVA 위에 태극 문양을 그린 후 오린다.
3. 오린 태극 문양을 백업의 끝에 붙인다.
4. 백업 옆면에 한글 한지를 길게 잘라 붙인다.
[도장 보관함]
1. 도장이 들어갈 수 있는 크기로 우드락을 잘라서 상자를 만든다.
2. 테이프로 가장자리를 붙인다.
3. 상자의 겉면에 전통 문양을 잘라서 붙인다.</td></tr>
<tr><th>활동방법</th><td colspan="3">1. 태극기의 의미에 대해 알아본다.
2. 태극 무늬 도장을 활동지에 찍어본다.
3. 활동한 소감에 대해 이야기를 나눈다.</td></tr>
<tr><th>확장활동</th><td colspan="3">친구들과 협동해서 태극기를 만들어본다.</td></tr>
</table>

교구 사진

도장 옆면

도장 아랫면

완성 교구

설명판

활동 3 우리나라 명화 퍼즐

활동 주제	우리나라의 예술문화	대상 연령	만 5세
누리과정 관련 요소	• 예술 경험 〉 예술 감상하기 〉 전통 예술 감상하기 〉 우리나라의 전통 예술에 관심을 갖고 친숙해진다. • 자연 탐구 〉 수학적 탐구하기 〉 공간과 도형의 기초 개념 형성하기 〉 다양한 기본 도형의 공통점과 차이점을 인식한다.		
활동목표	• 우리나라의 대표적인 명화에 대해 안다. • 퍼즐 조각 맞추기를 통해 소근육을 발달시킨다.		
활동자료	퍼즐 도안, 퍼즐 판, 퍼즐 조각		
제작 재료	EVA, 명화, 코팅지, 칼, 가위, 테이프		
제작방법	**[퍼즐 도안]** 1. 우리나라의 대표적인 명화를 인쇄해 그림 위에 선을 긋는다. 2. 선에 맞추어 그림을 자른다. 3. 색지 위에 1.5cm의 여유를 주고 붙인 다음 코팅한다. **[퍼즐 판]** 1. 두꺼운 EVA를 반으로 잘라 크기가 동일하게 만든다. 2. 윗면이 될 EVA를 명화 도안에 맞추어 가운데를 뚫어준다. 3. 밑 부분의 EVA에 준비한 명화를 붙여준다. 4. 2번과 3번의 EVA를 붙이고 가장자리를 테이프로 감싼다. **[퍼즐 조각]** 1. 얇은 선을 넣은 명화를 크기에 맞추어 잘라준 후 코팅한다. 2. 코팅한 명화를 EVA에 붙여준다. 3. 명화를 붙인 후 선에 맞추어 반듯하게 잘라준다.		
활동방법	1. '여울이의 미술관 나들이' 동화책 표지를 보여 주며 주의집중한다. 2. 동화책에 대해 이야기를 나눈다. 3. 명화란 무엇인지 이야기를 나눈다. 4. 명화 퍼즐을 소개하며 자세하게 이야기를 나눈다. 5. 명화 퍼즐을 맞추어 본다. 6. 활동을 회상하며 느낀 점을 나눈 후 활동을 마무리한다.		
확장활동	• 명화를 감상한 후 그 시대에 나타나는 특징에 대해 이야기 나누기 • 명화에 등장하는 인물이 되어보기 • 미술관 견학하기		

교구 사진

퍼즐 도안

퍼즐 조각

완성 교구

활동 4 그림자 퍼즐

활동 주제	환경과 생활	대상 연령	만 2세
누리과정 관련 요소	• 예술영역 〉 심미적 탐색 〉 주변 환경의 예술적 요소 탐색하기 • 예술영역 〉 예술 감상 〉 주변 환경의 예술적 요소에 관심 갖고 즐기기		
활동목표	• 놀이터 그림판에서 그림자의 모양을 보고 알맞은 놀이기구를 찾을 수 있다. • 주변의 친근한 환경과 생활의 아름다움에 관심을 갖는다.		
활동자료	그림자료, 그림판, 그림자, 놀이기구, 퍼즐 보관 상자		
제작 재료	하드보드지, 검은색 색지, 투명 시트지, 찍찍이		
제작방법	1. 그림자료를 4등분으로 잘라 하드보드지에 붙인 후 자른다. 2. 그림자료 놀이기구들을 자른 후 검은색 색지를 놀이기구 모양에 맞게 자른다. 3. 자른 검은색 색지를 4등분으로 자른 그림자료의 놀이 기구 그림 위에 붙여준다. 4. 그림자를 붙인 그림판에 투명 시트지를 붙인 후 뒷면에 검은색 색지를 붙인다. 5. 놀이터 그림판과 놀이기구 퍼즐에 찍찍이를 붙인다.		
활동방법	1. 그림자 놀이의 경험을 회상한다. 2. 활동방법에 대해 이야기를 나눈다. 3. 그림자가 생긴 곳에 알맞은 그림을 찾아 붙인다. 4. 활동 후 소감에 대해 이야기를 나눈다.		
확장활동	실외활동으로 그림자밟기 놀이를 해본다.		
교구 사진	 그림판  그림자		

활동 5 두드려보아요

활동 주제	우리나라의 문화	대상 연령	만 3세
누리과정 관련 요소	• 예술 경험 〉 예술적 감상하기 〉 전통 예술 감상하기 〉 우리나라 전통 예술에 관심을 갖는다. • 예술 경험 〉 예술적 표현하기 〉 음악으로 표현하기 〉 리듬악기로 간단한 리듬을 표현해 본다. • 예술 경험 〉 예술적 표현하기 〉 움직임과 춤으로 표현하기 〉 도구를 활용하여 다양한 움직임으로 표현해본다.		
활동목표	• 우리나라 전통 악기에 대해 무엇이 있는지 회상해본다. • 우리나라 전통 악기를 직접 두드려보는 시간을 갖는다. • 우리나라 전통 악기에 대해 탐색할 수 있는 시간을 갖는다.		
활동자료	장구, 궁 채, 열 채, 북, 북 채, 소고, 소고 채		
제작 재료	플라스틱 용기, 지끈, 펠트지, 폼폼이, 골판지, 글루건, 접착제, 전통 문양, 스티커, 코팅지, 색상지, 나무젓가락, 스티로폼 공		
제작방법	[장구] 1. 살구색 펠트지 위에 원을 그린 후 자른다. 2. 플라스틱 용기 뚜껑에 자른 살구색 펠트지를 붙인다. 3. 지끈을 잘라 살구색 펠트지 위에 붙인다. 4. 플라스틱 용기의 테두리를 폼폼이로 장식한다. 5. 전통 문양을 찾아 하늘색 색상지 위에 붙인 후 코팅을 한다. 6. 전통 문양을 붙이고 테두리는 스티커 등으로 장식한다. [궁 채] 1. 나무젓가락을 갈색 펠트지로 감싼다. 2. 스티로폼 공에 구멍을 뚫어 나무젓가락을 끼운다. 3. 나무젓가락 끝 부분에 스티로폼 공을 끼운다. 4. 스티로폼 공을 스티커로 꾸민다. [열 채] 나무젓가락을 연한 갈색 펠트지로 감싼다. [북] 1. 빈 상자를 펠트지로 감싼 후 폼폼이로 장식한다. 2. 상자의 겉면은 동물의 얼굴을 붙여 장식한다. [북 채] 1. 나무막대기를 색 테이프로 감싼다. 2. 스티로폼 공을 아크릴물감으로 채색한다. 3. 나무막대기의 끝에 스티로폼 공을 끼운다.		

제작방법	**[소고]** 1. 2개의 일회용 접시 위에 태극 무늬를 오려서 붙인다. 2. 접시 테두리에 리본과 손잡이를 붙인다. 3. 2개의 접시를 서로 붙인 후 폼폼이로 장식한다. **[소고 채]** 나무막대를 아크릴물감으로 채색한 후 다양한 재료로 장식한다.
활동방법	1. 전통 악기에 대해 이야기를 나눈다. 2. '두드려보아요' 교구를 소개한다. 3. '두드려보아요' 교구를 이용하여 악기를 두드려 보는 활동을 한다. 4. 활동 후 소감에 대해 이야기를 나눈다.
확장활동	친구들과 함께 합주해본다.
교구 사진	 장구 옆면 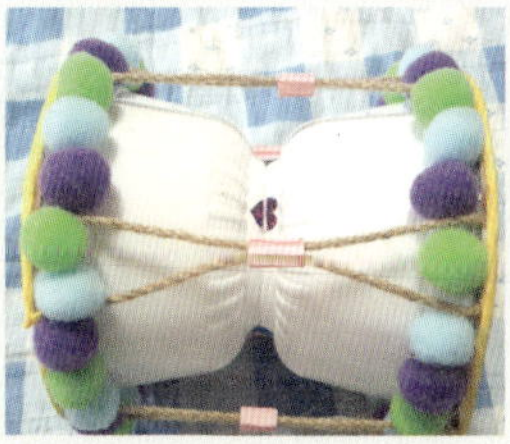 장구  궁 채  열 채  북 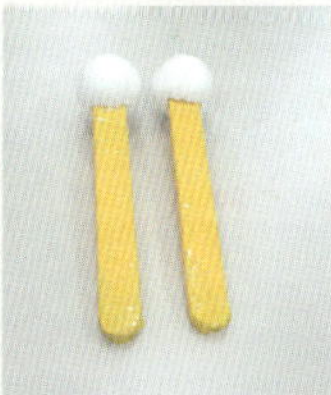 북 채  소고 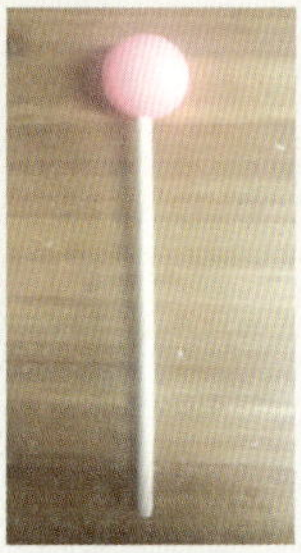 소고 채

활동 6 우리나라 전통 연에 대해 알아보아요

활동 주제	우리나라의 문화	대상 연령	만 4세
누리과정 관련 요소	• 의사소통 〉 말하기 〉 느낌, 생각, 경험 말하기 • 사회관계 〉 사회에 관심 가지기 〉 우리나라에 대해 관심 갖고 이해하기 • 예술 경험 〉 예술적 표현하기 〉 미술활동으로 표현하기		
활동목표	• 연의 종류와 모양을 알고 자신의 생각을 말할 수 있다. • 우리나라의 전통 문화에 대해 이해할 수 있다. • 자신만의 연을 표현할 수 있다.		
활동자료	연의 종류별 활동 판		
제작 재료	펠트지, 하드보드지, 고리, 글루건, 지끈, 나무막대기, 이쑤시개		
제작방법	1. 다양한 형태의 연을 펠트지 위에 그린 후 자른다. 2. 연의 특성을 고려해 꾸며준다 3. 하드보드지 위에 만들어 놓은 연을 붙인다. 4. 연의 종류와 제목을 붙인다. 5. 앞표지에 교구명을 붙인다. 6. 안전을 고려해 하드보드지의 가장자리를 테이프로 감싼다. 7. 하드보드지 끝에 구멍을 뚫고 고리를 끼워서 연결한다.		
활동방법	1. 연날리기 동요를 부르면서 주의 집중을 한다. 2. 연과 관련된 자료를 보여 주며 연의 종류와 유래를 설명해준다. 3. 자신만의 생각으로 연을 색칠하도록 한다. 4. 완성한 연을 보여 주며 이야기를 나눈다. 5. 교사는 유아들이 꾸민 연을 우리들 솜씨 판에 달아준다.		
확장활동	실제로 연을 만들어보고 실외활동으로 연을 날려보는 활동을 한다.		
교구 사진	 완성 교구		

활동 7 한글 도장을 찍어요

활동 주제	우리나라의 상징	대상 연령	만 4세
누리과정 관련 요소	• 의사소통 〉 쓰기 〉 쓰기에 관심 가지기 〉 말이나 생각을 글로 나타낼 수 있다. • 의사소통 〉 쓰기 〉 쓰기 도구 사용하기 〉 쓰기 도구에 관심을 가지고 사용한다.		
활동목표	• 한글에 관심을 갖는다. • 자음과 모음으로 글자를 만들어본다. • 글자를 만들며 친구들과 놀이 할 수 있다.		
활동자료	자음과 모음 도장, 도장 보관 상자		
제작 재료	빈 요구르트 병, 펠트지, 우드락, 자음과 모음 그림		
제작방법	1. 빈 요구르트병을 자음과 모음의 수만큼 준비한다. 2. 빈 요구르트 병을 꾸민다. 3. 자음과 모음을 우드락을 잘라서 요구르트 병 밑에 붙인다. 4. 빈 요구르트 병 위에 자음과 모음 글자를 붙인다.		
활동방법	1. 우리나라의 한글에 대해 이야기 나눈다. 2. 글자에 구성에 대해 이야기 나눈다. 3. 자음과 모음 도장을 보며 만들고 싶은 글자를 만들어본다. 4. 완성된 한글 도장을 찍어본다.		
확장활동	한글 도장을 이용해 자신의 이름을 찍어본 후 이야기 나눈다.		
교구 사진	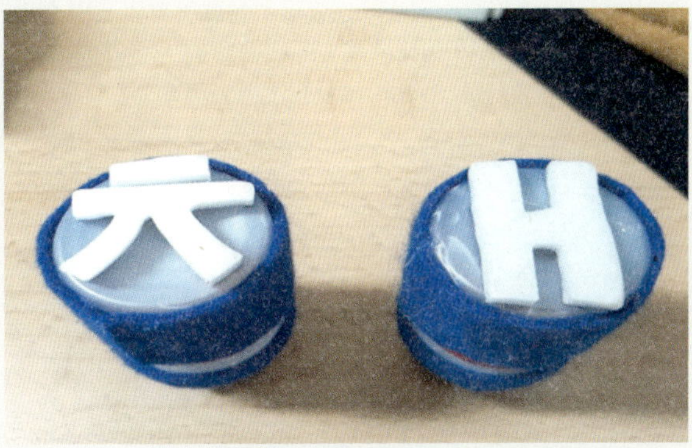 자음과 모음 도장		

활동 8 문화재를 알아보아요

활동 주제	우리나라의 상징	대상 연령	만 5세
누리과정 관련 요소	• 사회관계 〉 사회에 관심 가지기 〉 우리나라에 관심 갖고 이해하기 • 신체운동 · 건강 〉 신체조절과 기본 운동하기 〉 신체조절하기 • 자연 탐구 〉 수학적 탐구하기 〉 공간과 도형의 기초 개념 알아보기		
활동목표	• 우리나라의 문화재를 이해할 수 있다. • 눈과 손의 협응력을 기를 수 있다.		
활동자료	문화재 설명 카드, 퍼즐 판, 퍼즐		
제작 재료	우드락, EVA, 코팅지, 열선칼, 테이프, 문화재 그림자료, 문화재 설명자료, 가위		
제작방법	**[퍼즐]** 1. 정사각형 틀을 만들어 문화재 사진과 글씨를 넣는다. 2. 1의 결과물을 흑백 4장, 컬러 4장으로 인쇄한 후 테두리를 맞춰 자른다. 3. 컬러 인쇄한 문화재 자료를 9~11조각으로 자른다. 4. 9~11조각으로 자른 자료와 흑백 인쇄한 자료를 코팅한다. 5. 코팅한 자료들을 잘라준다. 6. 자른 퍼즐 조각을 우드락에 붙여준다. 7. 우드락을 퍼즐 모양으로 잘라준다. 8. EVA를 퍼즐 전체 크기보다 가로, 세로 0.5cm 크게 네모 모양으로 판다. 9. 또 다른 EVA를 깔고 가운데에 흑백자료를 붙인다. 10. 그 위에 네모 모양으로 판 EVA를 붙여준다. **[설명 카드]** 1. 직사각형 틀을 만들어 문화재 사진과 문화재 관련 설명을 넣는다. 2. 1의 결과물을 인쇄한 후 테두리를 맞춰 자른다. 3. 자른 자료를 코팅하여 다시 한 번 자른다. 4. EVA 위에 1cm 간격으로 문화재 설명자료를 붙여 오려준다.		
활동방법	1. 동요 '작은 세상'을 부르며 시작한다. 2. 문화재 사진 카드를 보며 이야기를 나눈다. 3. 문화재 퍼즐 맞추기를 한다. 4. 활동한 내용에 대해 이야기 나누며 활동을 마무리한다.		
확장활동	• 우리나라의 문화재를 직접 만들어볼 수 있다. • 실외놀이 시 물과 모래를 이용하여 '우리나라의 문화재 구성하기' 활동을 해본다. • '우리나라 문화재 책 만들기' 활동을 해본다.		

교구 사진

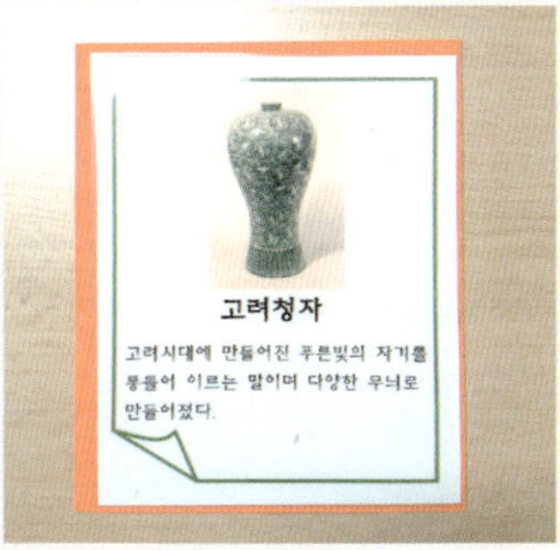

설명 카드 1

문화재 퍼즐 1

설명 카드 2

문화재 퍼즐 2

완성 교구 1

완성 교구 2

활동 9 전통 문양 맞추기

활동 주제	우리나라의 문화	대상 연령	만 4세
누리과정 관련 요소	• 예술 경험 〉 예술 감상하기 〉 전통 예술 감상하기 〉 우리나라 전통 예술에 관심을 갖는다. • 자연 탐구 〉 수학적 탐구하기 〉 공간과 도형의 기초 개념 알아보기 〉 기본 도형의 특성을 인식한다.		
활동목표	• 전통 문양에 대해 안다. • 전통 문양을 보고 퍼즐을 맞추어보며 소근육을 조절할 수 있다.		
활동자료	전통 문양 자료, 벽걸이 자석 퍼즐 판		
제작 재료	하드보드지, 자석 시트, 머메이드지, 한지, 지끈, 스프레이 접착제, 마스킹 테이프, 펀치, 글루건		
제작방법	1. 하드보드지 위에 자석 시트를 붙인다. 2. 대리석 문양의 한지로 하드보드지를 감싼다. 3. 전통 문양을 각각 2개씩 출력한 후 코팅하고 머메이드지를 붙여서 오린다. 4. 남아 있는 2개의 전통 문양은 코팅한 후 뒷면에 자석 시트를 붙인다. 5. 자석을 부착한 전통 문양은 원하는 모양으로 퍼즐 조각을 만든다. 6. 한지를 감싼 머메이드지 한쪽 면에는 미리 보기용 전통 문양을 붙이고 자석 시트가 붙여진 다른 한쪽 면에는 문양의 형태를 지끈으로 감싸 퍼즐의 영역을 만든다. 7. 고동색 한지로 하드보드지 테두리를 붙인다. 8. 교구 제목을 코팅하여 머메이드지 위에 붙여 동그랗게 오려서 붙인다. 9. 하드보드지 뒷면에 지끈을 잘라 고리를 만든다.		
활동방법	1. 전통 문양에 관해 이야기를 나눈다. 2. 퍼즐에 관해 이야기를 나눈다. 3. 주의할 점에 대해 이야기를 나눈다. 4. 퍼즐 조각을 맞춘다. 5. 활동한 후 이야기를 나눈다.		
확장활동	자신만의 전통 문양을 만들어본다.		

교구 사진

퍼즐 조각 1

퍼즐 조각 완성 1

퍼즐 조각 2

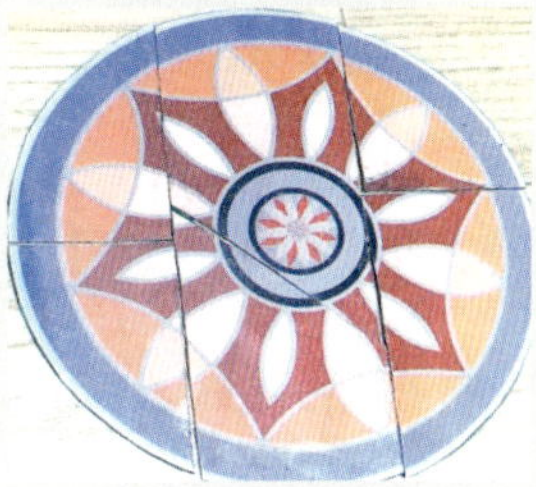

퍼즐 조각 완성 2

완성 교구

활동 10 동물 악기

활동 주제	동물과 친해지기	대상 연령	만 4세
누리과정 관련 요소	• 예술 경험 〉 예술적 표현하기 〉 음악으로 표현하기 〉 리듬악기를 연주해본다. • 예술 경험 〉 아름다움 찾아보기 〉 음악적 요소 탐색하기 〉 다양한 소리, 음악의 셈여림, 빠르기, 리듬 등에 관심을 갖는다.		
활동목표	• 악기의 종류를 이해할 수 있다. • 악기를 연주할 수 있다.		
활동자료	개구리 캐스터네츠, 호랑이 북, 돼지 심벌즈, 원숭이 마라카스, 젖소 빨래판		
제작 재료	펠트지, 눈알, 바늘, 실, 하드보드지, 스프레이 래커, 눈알, 병뚜껑, 쌀, 콩, 소스 통, 빨래판, 주걱, 냄비 뚜껑		
제작방법	**[개구리 캐스터네츠]** 1. 하드보드지 위에 개구리 모양을 적당한 크기로 그려서 오린다. 2. 오린 개구리를 초록색 펠트지로 감싸고 바느질한다. 3. 빨간색 펠트지로 입을 잘라 붙이고 눈알을 붙인다. 4. 병뚜껑에 래커를 뿌려서 말린다. 5. 마른 병뚜껑을 입에 붙이고 개구리를 연결한다. **[호랑이 북]** 1. 플라스틱 통의 밑면과 옆면을 노란색 펠트지로 감싼다. 2. 호랑이의 얼굴은 흰색과 검은색 펠트지를 자른 후 붙인다. **[돼지 심벌즈]** 1. 분홍색 펠트지를 돼지 얼굴의 적당한 크기로 자른다. 2. 손잡이 부분을 칼로 자른 후 펠트지를 냄비 뚜껑에 붙인다. 3. 귀와 입을 붙여서 장식한다. **[원숭이 마라카스]** 1. 갈색과 살구색 펠트지를 원숭이 형태의 적당한 크기로 자른다. 2. 자른 원숭이의 얼굴은 소스 통에 붙인다. 3. 소스 통 안에 쌀과 콩을 넣는다. 4. 쌀과 콩이 빠지지 않도록 입구를 막는다. **[젖소 빨래판]** 1. 펠트지 위에 적당한 크기로 젖소를 그린 후 자른다. 2. 젖소의 몸통 가운데 부분은 빨래판이 노출되도록 뚫어준다. 3. 젖소 몸을 만든 후 빨래판 위에 붙인다. 4. 젖소의 얼굴과 몸의 특징을 살려서 장식한다.		

활동방법	1. 손 유희로 주의 집중을 한 후 교구에 대해 이야기 나눈다. 2. 활동방법에 대해 이야기 나눈다. 3. 활동한 내용에 대해 이야기 나누며 활동을 마무리한다.
확장활동	친구들과 리듬 합주를 해본다.
교구 사진	 동물 악기 세트

참고문헌

권성호(1998). **교육공학의 탐구**. 양서원.

김봉석, 이혜림, 이훈병(2004). **현대교육의 이해**. 양서원.

김은심, 유향선, 최현정(2016). **영유아를 위한 교과교재 연구 및 지도법**. 창지사.

김정규, 이광자, 조정숙(2010). **교과교재연구 및 지도법**. 정민사.

김중현 역(2003). **에밀**. 한길사.

나은숙, 김애옥, 박현경, 유연일, 홍지명(2014). **영유아교과교재연구 및 지도법**. 양서원.

박남숙, 안은정(2010). **유아 교수매체의 이론과 실제**. 공동체.

박선희, 이정욱(2015). **교과교재연구 및 지도법**. 한국방송통신대학교 출판문화원.

박란규(2006). 연령별, 생활주제별, 흥미영역별 교재교구의 실태 및 질적 수준에 관한 연구. 배재대학교 대학원 석사학위논문.

심은미(2012). 어린이집 영아반 교재교구 실태 분석. 공주대학교 대학원 석사학위논문.

엄정례, 유향선(2005). **유아 교재교구 연구 및 지도법**. 정민사.

오연주, 안은숙, 김혜수, 이은상, 이경실, 고영주, 이명희(2003). **제작과정 중심의 교재교구 이론과 실제**. 창지사.

오연주, 이지영, 손진실(2015). **교재교구의 이론과 실제**. 창지사.

이대균, 송정원(2008). **유아교재 · 교구 연구 및 지도**. 양서원.

이숙종(1996). **코메니우스의 교육사상**. 교육과학사.

이옥섭, 유경애, 이춘수, 강순미(2012). **영유아를 위한 교수매체**. 동문사.

이은경(2017). **교과교재연구 및 지도법**. 정민사.

이홍우 역(1997). **교육의 과정**. 배영사.

정상녀, 박미자, 박형신, 김경란(2010). **교과교재 연구 및 지도법**. 공동체.

정선희(2010). 보육시설 유아반 교재 · 교구 기준안 마련을 위한 기초 연구. 공주대학교 대학원 석사학위논문.

조성자(2015). **유아교육의 역사와 철학적 이해**. 창지사.

한국교육학회 교육사연구회 편(1994). **교육사상가평전 3**. 교학연구사.

찾아보기

저자소개

이혜림

성균관대학교 교육학과 졸업

성균관대학교 대학원 박사수료(교육과정, 교육심리 전공)

현재 신안산대학교 아동보육과 교수

한경애

성균관대학교 미술교육학과 졸업

성균관대학교 대학원 박사(미술사, 동양 미학 전공)

현재 장안대학교, 신안산대학교, 인천가톨릭대학교, 성균관대학교 외래 및 겸임교수

영유아를 위한
**교재교구 연구
및 지도법**

2018년 3월 15일 초판 인쇄
2018년 3월 20일 초판 발행

지은이 | 이혜림 · 한경애
발행인 | 유제구
발행처 | 파워북
주 소 | 경기도 고양시 일산동구 호수로 358-25
동문타워2차 529호
전 화 | (02) 730-1412
F A X | (031) 908-1410
등 록 | 1997. 1. 31 제 2014-000067호
편 집 | 북스북스(hynho3196@nate.com)

정가 20,000원
ISBN 978-89-8160-362-5 (93370)